따라 하면 성공하는
# 사업계획서 작성법

## 따라 하면 성공하는 사업계획서 작성법

**초판 1쇄 발행** 2024년 12월 16일

**지은이** 홍승민
**펴낸이** 장길수
**펴낸곳** 지식과감성#
**출판등록** 제2012-000081호

**교정** 주경민
**디자인** 서혜인
**편집** 서혜인
**검수** 한장희, 이현
**마케팅** 김윤길, 정은혜

**주소** 서울시 금천구 벚꽃로298 대륭포스트타워6차 1212호
**전화** 070-4651-3730~4
**팩스** 070-4325-7006
**이메일** ksbookup@naver.com
**홈페이지** www.knsbookup.com

ISBN 979-11-392-2298-2(03320)
값 16,700원

- 이 책의 판권은 지은이에게 있습니다.
- 이 책 내용의 전부 또는 일부를 재사용하려면 반드시 지은이의 서면 동의를 받아야 합니다.
- 잘못된 책은 구입하신 곳에서 바꾸어 드립니다.

지식과감성#
홈페이지 바로가기

홍승민 지음

우리는 전략이 필요합니다
구체적으로 정부지원 사업계획서
작성을 위한 전략이 필요합니다

# 따라 하면 성공하는
# 사업계획서 작성법

## '전략기획'은 사람이
## '작성'은 생성형 인공지능 RAG

# 목차

시작하기  6

1. 기획이 가장 어렵습니다  10

2. 창의성과 공동창작  18

3. 양질의 데이터  23

4. 사업 기획하기  33
   ① 과제 제목의 중요성              33
   ② 과제 개요 작성하기              44
   ③ 기술에 대한 특장점 그리고 경쟁적 차별성   55
   ④ 경쟁사 분석하기, 경쟁사와의 차별성      72

5. 정부지원 사업계획서의 구조  79

6. RAG 문서 준비  92

7. 프롬프팅 작성의 기본 원리  97

8. 공통 프롬프팅  113

9. 실전 사업계획서 작성  122

　① 실전 사업계획서 작성하기　　　　　　　　122
　② 연구개발 방법　　　　　　　　　　　　　138
　③ 선행 연구개발　　　　　　　　　　　　　158
　④ 연구개발역량　　　　　　　　　　　　　171
　⑤ 기술개발일정　　　　　　　　　　　　　174
　⑥ 연구비 사용계획　　　　　　　　　　　　177
　⑦ 연구개발성과의 활용방안 및 기대효과　　187

글을 마무리하면서  236

# 시작하기

　이번에 출간하는 서적은 사회적으로 시사하는 바가 큰 책이라고 생각합니다. 그 이유는 직전에 출간한 서적 역시 생성형을 활용하여 업무효율화를 위한 책이었습니다. 하지만 시장에는 대부분 이런 책들입니다.

　반면 이 책은 생성형을 활용한 사업계획서 작성법에 대한 것으로 구체적으로 제가 직접 작성하고 편집한 사업계획서들이 포함된 내용을 증감검색기법을 활용하여 서비스한 것으로 '범용 도메인 서비스'라 정의할 수 있으며, 제가 조사한 것에 의하면 전 세계적으로 사례를 찾기 어렵습니다. 최소한 자신하면 책이 출간될 때 즈음인 24년 말에 기준으로 국내 유일이라 해도 좋습니다. 물론 도메인 서비스는 그 전에도 많이 있습니다. 하지만 '범용'이라는 타이틀을 다는 것은 국내 최초 어쩌면 최소한 일본 한국 동남아시아 시장에서는 최초가 아닐까 합니다. 이 책이 출간된 배경에는 역시 기술의 발달이 주된 견인을 했고 그전에 제가 만들어 본 PoC 모델을 통해 저 스스로 고도화를 한 결과가 이것이라 생각합니다. 또한 앞으로도 계속 진보되는 형태의 서비스 또는 책이라 할 수 있겠습니다. 본 책이 사용하는 API는 시대의 영웅㈜의 CRUX: 플랫폼을 이용하여 서비스를 만들었습니다.

**서비스별 비교**

|  | Open-AI | Anthropic | GOOGLE | NAVER | 시대의 영웅 CRUX: |
|---|---|---|---|---|---|
| 대표서비스 | GPT-4o | Claude 3.5 | Gemini 1.5Pro | Hyper CLOVER X | AI:DRIVE |
| 멀티 LLM | 불가 | 불가 | 불가 | 불가 | 가능 GPT, Claude,Clovax |
| 자료등록 | 부분가능 | 부분가능 | 부분가능 | 부분가능 | 가능 |
| 강력한 프롬프팅 | 사전지식 요구 | 사전지식 요구 | 사전지식 요구 | 사전지식 요구 | CRUX: 개발 시스템 |
| 무료 | 부분 적용 | 부분 적용 | 부분 적용 | 무료 | 유료 |
| 유료 | USD 20 팀 기능 25 한화 26,000~34,000 | USD 20 팀 기능 25 한화 26,000~34,000 | 29,000원 | 무료 | 10,000원 |
| 기타 | 팀 기능 시 사용자당 금액 가장 일반적인 기능 | 팀 기능 시 사용자당 금액 가장 일반적인 기능 | 가장 많은 데이터 학습 | 한국어 모델 | 팀 기능 기본 지원. 강력한 RAG 데이터 임베딩 |

CLUX:의 AI:DRIVE는 멀티 LLM 기능이 매우 강력한 기능 중 하나입니다. 생성형 인공지능은 저마다 고유한 성능이 있습니다. 해당 성능을 적절하게 사용하기 위해서는 조건에 맞게 생성형을 사용해야 하는데 사실상 이런 것을 지원하는 생성형 기업은 존재하지 않습니다. 예를 들어 GPT에 가서 Claude 쓰겠다고 하면 말이 안 되는 이야기입니다. 반면 A CLUX:의 AI:DRIVE는 GPT,Claude,Cloivax 시

리즈 언어 모델을 동시에 지원합니다.

## 타 인공지능 대비 에이치비씨㈜가 구현한 시스템 우수성

본 책에서 주로 사용되는 모델은 시대의 영웅에서 제작한 CLUX: 플랫폼의 AI:DRIVE 서비스입니다. AI:DRIVE 서비스에 도서 제작에 참여된 HBC 데이터를 임베딩하여 사용한 서비스입니다. 이런 이유로 본 책에서 다루어진 모든 내용을 원활하게 이용하시기 위해서는 AI:DRIVE를 사용해야 합니다. 하지만, 약간 원활하게 사용을 하셔야 하는 독자들을 위하여 Open-AI, Anthropic 서비스에서 충분히 검증을 하였습니다. 다만 이때 RAG기법을 적용하기는 것에만 차이가 있다는 말씀을 드리고 싶습니다.

('24년 9월 기준 188개 사업계획서가 등록되었습니다.)

더불어 책을 구입하시고, 블로깅을 해 주시는 분에는 제가 감사의 의미로 AI:DRIVE서비스를 한 달 사용하실 수 있게 하였습니다. 리뷰를 하시고 저에게 연락 부탁드립니다.

https://llmrag.co.kr에 접속하시어 게시글을 남겨 주시면 최대한 빠른 시간 안에 조치하겠습니다. (영수증+리뷰)

## 지속적인 프롬프팅 업데이트 및 시연 영상

생성형인공지능 포럼 사이트를 오픈하였습니다. 본 교재의 내용을 영상으로도 제작을 했습니다. 영상과 도서를 동시 사용하시면 되며, 지속적인 프롬프팅 업데이트를 통해서 독자분들이 '사업계획서' 작성 용도를 넘어서서 지속적으로 서비스를 효과적으로 사용하실 수 있도록 하였습니다.

본 책에 예시인 사업계획서와 프롬프팅에 대한 의견이나 개선이 필요한 경우도 포럼을 통해서 배포하였습니다.

포럼 사이트: https://llmrag.co.kr

# 1.
## 기획이 가장 어렵습니다

 어떤 사업이든 다 똑같습니다.
 가장 어려운 것이 '기획하기'입니다. 특히 사업 기획은 너무 어렵습니다. 사업 기획은 인공지능이 대신해 주지도 않습니다. 사업 기획을 생성형 인공지능이 일부 도움은 줄 수 있지만 기획은 하지 못합니다. 특히 정부지원 사업을 할 때에는 좀 더 구체적이고 확실하면서 동시에 어디서 들어 본 것 같은, 하지만 기존 것과 비교했을 때 반드시 차별이 있어야 합니다. 이런 요구사항들 이외에도 충족해야 하는 것들은 더 있습니다. 사실 무엇을 충족시켜야 하는지 그 종류가 너무 많아 그것을 하나하나 다 충족시키기란 너무 어렵습니다. 그래서 우리는 전략이 필요합니다. 구체적으로 정부지원 사업계획서 작성을 위한 전략이 필요합니다.
 마케팅 컨설팅, 경영전략 컨설팅을 할 때 항상 하는 것이 시장 분석이 있습니다. 시장 분석에서도 시장 구분(MARKET SEGMENTATION)을 합니다. 그리고 구분된 시장에서 선행적으로 진출할 시장,

두 번째 진출할 시장을 구분하고 단계별로 공략하기 위한 전략을 세웁니다. 매우 일반적입니다. 하지만 이러한 일반적인 것을 우리는 하지 않습니다. 특히 기술 중심의 기업들이 흔하게 경험하는 것이 시장을 대략적으로만 파악하고 진입을 하는 것입니다. 이러한 맥락에서 정부지원 사업계획서는 어떠해야 할까요? 먼저 정부지원 시업계획서의 경영전략 부분은 '의외로 쉽다'고 말씀드릴 수 있고 동시에 상반되게 '매우 어렵다'는 말씀을 드립니다. 쉽다고 말씀드리는 것은 들어가는 항목이 뻔하기 때문입니다. 그래서 하나 마나 한 이야기만 하면 됩니다. 반대로 어렵다는 것은 기술적 차이가 없는 경우 그리고 기술적 진보가 없는 경우 '사업성'을 강조해야 하는데, 강조하고자 하는 사업 방법도 어디선가 들어 봤지만 약간 참신한 발상이 필요하기 때문입니다.

그래서 우리는 정부지원 사업계획서 작성할 때에도 동시에 사업 기획을 하기 위한 전략이 필요하고 그 전략 그대로 적용해서 서류를 작성하면 됩니다. 다만 그 전략이 그리 어렵지 않은 아이디어여야 합니다. 하지만 그 아이디어들은 매우 구체적이고 체계적이어야 합니다. 그러면 이런 사업계획서를 보는 사람들은 정말 다행이도 정부지원 사업계획서를 보는 고객사는 딱 정해져 있습니다. 바로 평가위원입니다. 우린 평가위원만 설득하면 됩니다. 다만 평가위원이 기술적 관점, 경영적 관점에서 상위 수준의 전문가라는 것이 어려운 것입니다.

## 평가위원 행동

평가위원의 특징에 대해서 말씀드리고 그리고 그들의 행동에 대해서 서술하겠습니다.

### (1) 평가위원 특징

해당 분야 전문가 지식 확보, 단 귀사의 기술 개발은 귀사가 더 잘 알고 있습니다.

평가위원은 글을 많이 읽어 본 사람들, 해당 분야 12년 이상의 학사 출신 분들 주로 박사, 교수, 연구소장 등. 정부지원 사업을 수행해 본 사람들을 말합니다.

특정 분야 전문가인 사람들 특징 중 하나가 '무언가 판단을 할 때 합리적인 선입견'이 강하게 작용합니다. 글을 읽으시는 여러분들도 본인이 가장 많이 알고 계신 분야는 확고한 신념이 있기에 스스로 무언가 판단을 하실 때 학습과 경험에 의한 판단을 하시게 됩니다. 평가위원도 그렇습니다. 하지만, 평가위원들은 명확하게 귀사에서 제출한 기술에 대해서 하나부터 열까지 다 알고 있는 것은 아니라는 점, 즉 기술을 잘 아는 거지 제시한 기술을 잘 아는 것은 아니라는 것을 다시 설명드리고 이어서 그들의 특징을 서술하면 다음과 같습니다.

**충분한 최신 정보가 많습니다.**

평가위원들을 보면, 해당 분야 최신 정보가 매우 많습니다. 특히 기술적 최신 정보가 너무 많습니다. 동일 분야 기술에서 '이런 건 이래서 안 되고 저런 건 저래서 안 되고' 다 알고 있습니다. 제가 표현을 '안 된다'라고 했는데 이유는 해당 기술이 왜 안 되는지 너무 잘 알고 있어서 그 안 되는 걸 되게끔 논리적으로 설명하는 것을 너무 좋아합니다. 대부분 좋아합니다. 그렇듯 그들이 생각할 때 안 되는 기술들이 약간은 독창적인 시각으로 해석을 해서 애로를 해결하는 것을 너무 궁금해합니다. 그래서 그런 논리들이 설득적이라면 그건 완전 성공한 전략이 되는 것입니다. 과거에 이런 경험이 있습니다.

"말씀하시는 기술들이 개발하려는 보드에 다 올라가나요?"

이 질문 자체가 '유사한 걸 내가 해 봤는데 당신이 제시하는 보드에는 하드웨어 용량이 부족해서 안 올라가. 즉 당신이 제시한 기술은 기술개발이 어려워.'라는 뜻입니다.

**생각보다 많이 적극적이지 않습니다.**

항상 평가를 가면, 실제 종종 일어나는 것이 '오늘은 언제 끝나나 고민' 합니다.

사업계획서를 제출하는 피평가자 입장에서는 큰 목적을 가지고 야심차게 제출했지만 평가위원 입장에서는 그냥 서류입니다. 그래서 빨리 퇴근할 생각만 합니다.

**서류를 정말 많이 봅니다.**

특히 평가를 가게 되면 하루에 보는 서류 양이 적게는 100장 많게는 130장 정도 됩니다. 제 경험상 가장 많은 서류를 읽은 것은 하루 1,100장까지 읽어 봤습니다. 물론 이 정도 양을 읽는 것은 흔한 일이 아닙니다만 평가위원들은 이러한 양을 하루에 다 읽고 평가까지 해야 합니다. 그리고 평가위원이 작성한 평가 결과는 근거에 의한 결과가 나와야 합니다. 그래서 대충 읽는 것이 아니고 매우 꼼꼼하게 읽습니다. 특히 떨어트리기 위해서는 더 꼼꼼하게 읽습니다.

**사업화 잘 모릅니다.**

제 이력은 독특한 편입니다. 기술평가위원 그리고 사업평가위원 둘 다 하는데 사업평가위원으로 과제에 참석을 해도 7명의 평가위원 중 1명만 사업평가위원이고 사업평가위원으로 가도 기술성 평가서와 동일한 서류로 평가를 합니다. 즉 기술을 모르면 사업성평가 자체를 못합니다. 심지어 사업성 평가위원이라 해도 말입니다. 사업성 평가위원조차 그런데, 기술평가위원들은 사업화를 더더욱 잘 모릅니다. 하지만 스스로 사업성을 잘 평가한다고 착각들을 합니다. 그래서 서류를 작성하는 일종의 공식 아닌 공식이 존재합니다. 하나 마나 한 이야기를 잘 포장해서 근거를 제시하고 숫자를 통일하는 데 좀 더 구체적으로 홍보 모델을 제시하는 것입니다.

단, 위와 같은 저의 주장은 디자인 사업, 콘텐츠 개발 사업은 해당되지 않습니다. 대표적으로 콘텐츠 진흥원 그리고 디자인진흥원, 마지막으로 창업지원센터에서 운영하는 디자인, 콘텐츠 개발 관련 사업들은 콘텐츠 참신성과 사업성이 해당됩니다.

**평가위원은 귀사에 아무런 감정이 없습니다.**

평가위원들은 평가장에 들어간 순간 외부와 소통이 매우 어렵고 한정된 공간에서 결과물을 제한된 시간 안에 만들어야 합니다. 그들은 절대로 귀사에 어떠한 감정이 없습니다.

계속해서 글만 보고 계속해서 평가서류에 작성할 내용을 기록하고 해당 기록이 맥락적으로 그리고 근거를 찾아서 확인을 합니다. 그래서 평가하는 과정은 귀사를 어찌저찌한다는 것이 아니라, 본인의 결과물인 평가서류가 문제없어야 합니다. 이게 그들의 관점입니다.

즉 그들은 그들이 세운 논리를 증명하기 위한 증거 수집을 하는 것입니다. 그것이 귀사의 아이템에 불호이든 호이든 알 수는 없지만 탈락인지 선정인지를 얼추 정하고 관련해서 정보를 수집하고 확정합니다. 그러한 결정을 확인하는 과정에서 '질의응답'이라는 것이 진행되는데 다소 공격적인 질문이라 하더라도 귀사가 싫어서 하는 게 아닙니다. 절대 아닙니다.

## (2) 평가위원 행동에 따른 서류의 전략적 방향

앞선 책에서도 많이 주장했는데, 제가 제안하는 전략적 방향은 사업계획서 5장 안에 모든 것을 다 이야기하고 그다음은 같은 이야기의 반복으로 평가위원에 강한 이미지를 심어 주고, 평가기준에서 저점을 못 주게 하는 것입니다.

본 챕터 시작 시 말씀드린 시장 구분에 대해서 말씀드리면, 우리가 사업계획서를 작성할 때 사업계획서를 평가하는 사람들은 보통 우리의 고객사입니다. 또는 우리에 투자할 회사들 또는 우리에게 사업계획서 작성을 지시한 직장 상사들입니다. 우리는 그들이 만족을 해야 우리에게 사업 기회가 오는 것입니다.

우리가 제출하는 서류를 만족하고 우리에게 기회를 주는 대상은 '평가위원'입니다. 우리는 작게는 15장에서 많게는 30장 정도로 그리고 진짜 많게는 100페이지 이상 되는 정부지원 사업계획서를 기준으로 평가위원들을 설득해야 합니다. 우리는 그들만 설득하면 됩니다. 실제 기술이 시장에 나와서 성공할지 성공하지 못할지는 차후의 이야기입니다. 일단 선정이 되어야 그다음에 무언가 되는 것이지, 선정이 안 되면 아무것도 아닙니다. 그렇기에 우리는 평가위원들이 우리 서류를 읽기 편한 환경을 조성하고 그들을 반복적인 질의응답으로 설득해야 합니다.

최근 트렌드는 기술과 사업화 두 가지 이슈에서 관점이 점점 사업화로 넘어가고 있습니다.

저는 정부지원 사업계획서에서 기술보다 사업화가 많이 중요해지기 시작하는 기술 트렌드의 변곡점이 2024년이라 생각합니다. 평년에는 사업화보다는 기술 중심으로 해석을 해야 하지만, 이제는 그렇지 않습니다. 사업화가 중요합니다. 반면, 기초연구원과 같은 곳에서 나오는 기술개발은 해당되지 않는 저의 주장입니다.

2020년 들어서면서부터 기술이 급속하게 발달하기 시작했습니다. 특히 인공지능을 중심으로 발달을 하게 되었고 인공지능이 충분히 판단하기 위한 센싱 관점에서도 급격하게 기술이 발달하였습니다. 예를 들면 스마트팩토리 시스템에서는 이젠 비전 센싱이 기본인 상태가 되었습니다. 즉 IoT 기술과 인공지능 기술이 고도화를 넘어서 보급되고 있는 시점이기에 이러한 기술보다 더 진보적인 기술이 나오기 어렵습니다. 그래서 기존 기술의 진보적 발전 또는 이미 상용·보급되었지만 아직 미개척 분야 입장에서 새로이 등장하는 기술이 대부분입니다. 더 이상 기술에 대해서 진보적이고 혁신적인 것을 기대하기 어렵습니다. 그래서 우리가 기술개발을 하면서 차별화를 요구하는 것은 사업성 부분입니다. 제가 작성했던 책들은 사업성 부분을 약하게 다루었으나, 이번 책에서는 뒷부분에 사업성 부분을 강화해서 작성하였습니다.

## 2.
# 창의성과 공동창작

## 창의성 관점에서의 생성형 인공지능

창의성 관점에서 생성형 인공지능 이야기를 먼저 하면, 항상 제가 강조하는 부분인 생성형 인공지능은 창의성을 도와주지 않습니다. 단언하건데 창의성을 도와주지 못합니다.

이렇게 단언하는 가장 큰 이유는, 생성형 인공지능의 기본 개념인 '멀티트랜스포머 모델'을 이해하시면 조금 도움이 됩니다. 하지만 기본 개념을 몰라도 너무 쉽게 이해 가능합니다. 생성형 인공지능은 데이터를 학습한 이후 데이터 간 가장 유사한 단어를 조합해서 해석하고 분석하는 과정에 있어, 다차원 공간에서 데이터를 위치시키고, 복잡해지는 각 차원을 유사한 것들끼리 축약 또는 합체시키는 과정을 포함하여 데이터를 처리합니다. 이러한 과정은 데이터 임베딩이라 합니다. 물론 데이터 임베딩은 이런 개념보다 더 복잡한 단계와 절차를 진행하게 됩니다. 결과적으로 그냥 유사한 형태끼리 합쳐서 설정된 유사 정도를 가지고 데이터의 입력, 출력을 결정하는 것이지 그 이상이 아닙니다. 그 이상이라 하면, 사람이 경험하게 되는 '합리적 추론'은 불가능합니다.

예를 들어서, 코리아 숏헤어 고양이와 페르시안 고양이 이미지를 두고(정확한 학술명은 확인이 필요합니다.) 인공지능에게 이것이 무엇이냐 물어보면 고양이라 대답합니다. 하지만 사람의 경우 고양이로 볼 수도 있고, 전체적인 분위기상 반려동물이라 판단할 수도 있습니다. 또는 분위기상 질문한 의도가 코리아 숏헤어 고양이를 선호하는 분위기라면 "고양이네요. 하지만 페르시안 고양이는….''하면서 답변을 할 수도 있습니다. 하지만 생성형 인공지능은 이런 기능을 제공하지 않습니다. 못 하는 게 아니고 안 하는 것입니다. 왜냐하면 그런 기능이 들어가 있지 않기 때문입니다. 그렇기에 생성형 인공지능은 절대 창의적 결과물을 제시하지 못합니다.

반면, '창의성을 도와준다'라는 개념에서는 일부 맞는 말이기도 한 것이 창의성이 부족한 대부분의 사람들을 대상으로 창의적 생각을 도와주거나 사고를 확장시켜 주는 것에 도움을 줄 수 있습니다. 예를 들어 본 책의 앞선 챕터에서 '기획'은 사람이 직접 해야 한다고 말씀드렸지만, 이 책에서 보여 드리는 예시는 생성형 인공지능을 활용하였습니다. 그리고 동시에 사업계획서를 제공드리면서 직접 비교하실 수 있게 작성했습니다. 이러한 방법이 대표적인 생성형을 이용하여 창의성을 확장시킬 수 있다는 주장이기도 합니다.

## 공동창작 관점에서의 생성형 인공지능

 공동창작에 대한 관점을 조금은 포괄적으로 그리고 넓게 이해해 주셨으면 합니다. 공동개발을 많이 경험한 분들은 조금 더 쉽게 이해하시겠지만, 생성형의 등장으로 이제는 혼자서 모든 것을 다 하는 시대가 아니라 복수의 인원이 동시에 과업을 진행하는 시대가 되었습니다. 과업을 복수의 사람이 동시에 처리를 하게 되면, 혼자서 처리하는 것보다 절대적인 시간 자체가 효율화됩니다. 반면 생성형을 통한 업무 효율화는 개인을 중심으로 연구개발 되었고 그 결과 혼자서 처리 가능한 생산 속도 또한 기존 대비 비교 불가 수준으로 빨라졌습니다. 이때 글을 작성하는 2024년 8월 기준으로 생성형을 활용하는 방법을 보면 주로 혼자서 처리하는 관점으로 접근을 하고 있으며 개인이 처리하는 업무 양이 많아진 형태로 계속해서 진화하고 있습니다. 이는 인터뷰를 통해서 확인했습니다.
 하지만, '창의성' 관점을 포함해서 생성형이 등장하고 난 이후 혼자서 업무 처리하는 것보다 여러 명이 즉 팀이 구성되어 복수의 사람이 일을 처리하는 것이 훨씬 더 빠르고 훨씬 더 창의적인 결과물을 도출해 낼 수 있습니다. 이러한 저의 주장은, 글 작성 시점까지는 추론이며 객관적인 검증이 필요합니다. 하지만 저의 이러한 논리를 주장하는 이유 역시 멀티트랜스포머 모델을 이해하면 해결이 되는 간단한 문제입니다. 생성형 특성상 단일 조건에서의 단일 답변은 입력된 데이터에 의해 결정이 되고 이러한 데이터를 우리는 생성형을 사용하는 관점에서 '프롬프팅'이라고 합니다. 그리고 우리는 유저 프롬프팅과 콘텐츠 프롬프팅만 이해해서 응용하면 됩니다. 이러한 환경 자체는 개인에 의한 최적화가 맞습니다.

즉 생성형을 사용하는 과정에서 모든 대화는 서로 독립으로 운영이 되고 독립으로 운영이 되다 보니 입력하는 사람이 다수일 경우 서로 다른 결과물을 도출해 내는 것입니다. 이때 RAG가 적용이 되면 창작을 하는 즉 문제를 풀어 가는 복수의 사람들이 공통적인 데이터를 통해 공통의 의견으로 서로 다른 관점으로 접근을 하게 되면, 이른바 '톤앤매너'가 지켜지면서 창작의 결과물이 나오게 됩니다. 우리는 이러한 것을 공동창작이라는 표현도 사용합니다.

공동창작에서 효율성이 고도화되기 위해서는 프로젝트 PM의 역할이 지금보다 더 중요하게 될 가능성이 높습니다. 이유는 기존에 진행하는 PM의 역할에서 추가적으로 업무에 사용하는 데이터에 대해 기존보다 더 엄격한 기준에서 데이터 적용이 필요하며 작업자마다 서로 다른 프롬프팅을 구사하게 되는데 이때 적용하기 위한 맥락적 관점에서의 프롬프팅 통일과 일부 핵심 내용에 대해서는 동일한 프롬프팅을 적용해야 하는 등 과업을 수행하는 과정에서 발생하는 수많은 내용을 계속해서 모니터링하고 조정해야 합니다. 이러한 '톤앤매너'를 통일시키는 과정을 '얼라인 작업'이라고도 합니다. 용어에 대한 표현보다는 글의 맥락적 의미를 이해해 주셨으면 합니다.

## 공동창작에 대한 개념 변화

 전통적으로 특히 한국의 문화에서는 '공동창작'에 대한 개념이 다소 부족합니다. 이러한 관점은 저 역시 지배적이긴 합니다. 예를 들어서 책을 작성하는 관점에서 복수의 작가가 동시에 작업을 해도 무방합니다. '기획'을 누가 하느냐에 따라 책의 방향성이 결정되기 때문에 기획자가 중요하게 되는데 개인적인 생각으로는 저자가 두 명 이상 넘어가게 되면 크게 의미가 없다고 생각합니다. 그나마 세 명의 저자까지는 수용 가능하나 네 명의 저자, 다섯 명의 저자, 계속해서 저자가 늘어나는 것은 과연 의미가 있을까? 과업을 진행하는 것에 실제 과업에 투입이 되었을까? 하는 생각을 합니다. 물론 논문에도 비슷한 생각을 합니다. 하지만 생성형이 등장을 하고 난 이후에는 '기획자'는 전체적인 방향성을 조율하는 것이 더 중요해지는 시대가 도래할 것이므로 복수의 작업자들이 동일한 작업을 하는 것에 대해 지금보다 더 포괄적인 생각을 해야 합니다. 이유는 '기획자=PM'의 업무는 늘었지만 반드시 PM이 대부분의 작업을 하지 않아도 되기 때문입니다. 반면 '기획자' 관점에서 수행하는 프로젝트 숫자 자체가 과거보다 월등하게 증가하게 됩니다. 그렇기에 공동창작에 대한 개념 변화가 필요합니다. 전통적인 PM 중심에서 이제는 팀 중심으로 말 그대로 공동창작으로 변화함에 따라 각 구성원에 대해 개별적인 과업이 주어지게 되며 개별적인 과업은 수시로 변화가 가능하고 기존에 하지 않던 업무도 구성원이 충분히 수행 가능한 형태의 공동창작이 가능한 시대가 도래했습니다. 이에 여기에 적합한 보상제도가 동시에 필요한 시점입니다.

# 3.
# 양질의 데이터

제가 강조하는 양질의 데이터는 전통적인 인공지능 학습 관점과는 다른 RAG 관점에서의 데이터입니다. RAG는 학습이 아니라 단순하게 색인 참조 수준 RAG라는 단어가 검색증강이기에 그렇습니다.

먼저 양질의 데이터란 인공지능 학습 관점에서 매우 중요합니다. 양질의 데이터 즉 충분히 개발 의도와 일치하는 데이터를 기준으로 학습을 시켜야 합니다. 그래서 학습을 진행할 때는 학습용 데이터와 테스트용 데이터 이렇게 1세트로 진행해야 합니다. 이런 것이 아니라면 영어식 표현으로 "Garbage in, garbage out(쓰레기가 들어가면 쓰레기가 나온다)"라는 말이 정답입니다. 인공지능 관점에서는 이 말이 정답입니다. 이 부분을 생성형 '응용' 관점에서 보면 크게 2가지로 볼 수 있습니다.

## 생성형 인공지능에서 추가 학습 방법

먼저 우리는 생성형 학습을 위한 데이터를 만들 일이 거의 없습니다. LAMA 모델을 이용해서 내부적인 생성형 모델을 구축하기 위해서는 데이터가 필요하지만 응용 소프트웨어 관점에서는 생성형 학습을 위한 데이터는 불필요합니다. 못 써먹습니다.

### (1) FINE TUNING

파인튜닝을 생성형을 연구하다 보면 한 번 정도 들어 보셨을 것입니다. 파인튜닝은 사전학습된 인공지능을 사용 목적에 더 부합되게 미세조정하는 것입니다. 물론 생성형 관점에서는 미세조정이라는 표현이 더 적합한 파인튜닝의 개념이라 하겠습니다.

'파인튜닝'이라는 단어보다 '미세조정'이라는 단어가 더 이해가 빠르실 텐데 다소 극단적 왜곡이지만 생성형에서의 파인튜닝은 이런 관점입니다.

---

**예시 1**
- 고양이 사진을 100장 보여 주고, "이런 게 고양이야." → 사전학습
- 코리아 숏헤어 고양이 사진을 추가로 보여 주면서,
  "한국 고양이야." → 파인튜닝

> **예시 2**
> - 고양이 사진을 100장 보여 주고, "이런 게 고양이야." → 사전학습
> - 코리아 숏헤어 고양이 사진을 추가로 보여 주면서,
>  "한국 호랑이야." → 파인튜닝

> **예시 3**
> - 불특정 다수의 데이터를 보여 주면서 문서의 거리 간 측정을 계산하고 거리가 가까우면 비슷한 것으로 판단하게 하는 과정 → 사전학습
> - 특정 문장이나 단어가 제시 및 답변까지 학습시키는 것 → 파인튜닝

위 예시 2에서 제가 '호랑이'를 말씀드린 건, 파인튜닝을 하게 되면 매우 높은 수준에서 조정되기 때문입니다. 특정 조직이 특정 목적에 대해 사용하기 위해서는 이런 미세조정이 필요한데, 미세조정을 하게 되면 창의성이 부족하게 되므로 특수 목적으로만 사용하는 게 맞습니다. 예를 들어 법리 해석이라든가 의료 해석이라든가 등 외부 정보나 해석이 들어가면 안 되는 것들에 해당됩니다.

이를 좀 더 응용하면 파인튜닝 데이터에 의해 엑셀 계산도 가능하게 됩니다. 반면 이런 것이 아닌 일반적인 업무 환경이라면 파인튜닝은 사실 필요 없습니다.

특수한 환경에서 업무를 해야 하는 경우, 예를 들어 매우 엄격한 기준을 적용해야 해서 오차가 발생되면 안 되는 행위들(도면설계, 작업시방서 작성 등)을 해야 할 때 매우 엄격한 기준에서는 이러한 파인튜닝이 필요합니다.

추가적으로 파인튜닝을 통해 특수목적용 생성형 인공지능을 구축하면 해당 목적 이외에는 사실상 사용하기 어려운 형태가 되므로 생성형 인공지능이 여러 개 필요합니다.

## (2) RFHF

RFHF는 'Reinforcement Learning Human Feedback'의 약자입니다. 영어로 표현되어 뭔가 어렵고 대단한 것 같지만, 사실 그렇지 않습니다. 생성형을 학습시키는 과정에서 AI 에이전트 공간이 있습니다. 이 공간은 프롬프팅의 입출력이 가능한 공간입니다. 약간 OPEN AI 플레이그라운드 같은 공간을 이야기합니다. 여기에 프롬프팅을 입력하고 결과가 나오면 그 결과에 대해서 좋아요, 싫어요를 하면 됩니다. 물론 이렇게 설명하기에는 훨씬 정교하고 복잡하지만 이 책에서는 방법론을 이야기하는 것이 아니라 맥락적 의미를 이해하기 위한 것이므로 이 정도 수준으로 이해하시는 것도 대단하신 것입니다.

# RAG 관점에서의 양질의 데이터

RAG는 학습이 아닙니다. 하지만 학습이랑 유사하기에 혼선을 겪는 저와 같은 문과생들을 위해 다시 말씀드리면, 텍스트 그대로 '검색 증강'입니다. 즉 어떤 검색을 할 때 검색의 확장을 위해 추가적인 정보를 제공하는 것입니다. 이것을 통해 생성형 인공지능은 최신성을 반영하게 되고 환각현상을 최소화할 수 있는 것입니다. 검색증강이다 보니 RAG 관점에서 양질의 데이터는 형식이 일정 부분 결정되었다고 해도 좋습니다.

## (1) 검색엔진(구글, 네이버 등)에서 자료를 찾는 방법

이른바 SEO라는 용어가 있습니다. 'Search Engine Optimization(검색엔진 최적화)'의 약자인데 주로 온라인 마케팅을 한다는 사람들이 주장하는 이야기입니다. 정말 많은 SEO 규칙이 있다고들 주장하는데 그 주장에 공통적으로 등장하는 것이 문서의 형태이고 이러한 문서의 형태에서 '마크다운' 형태를 항상 이야기합니다. 즉 검색엔진은 엔진이 선호하는 문서의 형태가 있고 이 문서의 형태로 글을 작성하면 상대적으로 상위 노출이 된다는 것입니다. 그럼 갑자기 검색엔진에 대해서 글을 쓰는 이유는 생성형 인공지능이 학습하는 과정에서 대부분의 학습 과정이 구글 내 등록된 자료를 이용해서 학습을 합니다. 그렇기에 SEO 규칙으로 된 서류를 생성형 인공지능은 빠르게 인식하고 빠르게 학습합니다.

같은 맥락으로, 검색증강을 할 때 동일하게 SEO 규칙의 영향을 받게 됩니다. 검색증강은 검색엔진과 다르게 벡터 검색입니다. 반면 검색엔진은 인덱싱 방법이고 이런 차이가 있습니다.

## (2) 마크다운 형태

마크다운 형태는 SEO 규칙 중 하나로 HTML에서 사용하는 문서 작성 순서 방법입니다. 인터넷에서 마크다운을 검색하시면 정말 많은 양의 방법이 나오는데, RAG 관점에서는 최대한 마크다운 형태를 유지하는 것이 바람직하다 생각하지만 그것 역시 지키기 어렵고 양이 많다 보니 단순하게 규칙적인 순서에 의한 문서 형태면 충분하다는 말씀을 드립니다.

```
# 고양이

## 소개
고양이(학명: Felis catus)는 작은 크기의 육식동물로, 주로 집에서 기르며 반려동물로 잘 알려져 있습니다. 고양이는 독립적이고 호기심이 많으며, 사람들과 소통하는 다양한 방식이 있습니다.

## 종류
고양이의 종류는 매우 다양하며, 몇 가지 주요 종류는 다음과 같습니다:

### 페르시안
페르시안 고양이는 긴 털과 둥근 얼굴, 큰 눈이 특징입니다. 부드러운 성격으로 많은 사람들에게 사랑받고 있습니다.
```

위 예시를 보면 특별한 규칙은 없습니다. 먼저 #으로 강목과족에서처럼 높은 단위에서 구분을 하고 그다음 ##으로 하위부류를 소개했고 ###에서 좀 더 구체적인 하위부류로 했습니다.

이때 굳이 #으로 안 해도 되고 1, 1.1., 1.1.1., 이런 식으로 숫자로 해도 좋습니다. 하지만 #이 가장 용이하고 편합니다. 저는 # 또는 숫자 둘 중 하나를 추천합니다.

### (3) 한 페이지에 하나

이 부분은 규칙적으로 작성을 해도 되고 아니어도 좋습니다. 다만, 한 페이지에는 하나의 문장이 마무리되는 것이 좋습니다. 이유는 문장이나 단락이 하나의 페이지에서 마무리가 되어야 생성형이 좀 더 빠르고 정확하게 판단하기 때문입니다. 이 부분은 '(4) 청킹'으로 연결되는 내용입니다.

### (4) 청킹

청킹이라는 단어 역시 이해를 충분히 하셔야 합니다. 말 그대로 '덩어리 만들기'라는 뜻인데요, 단어를 올리면 이걸 쪼개는데 그 쪼개진 단위를 '토큰'이라고 말씀드렸습니다. 이러한 토큰 덩어리는 청크라고 하고 청크를 만드는 것을 청킹이라고 합니다.

덩어리 규모에 따라 토큰 규모가 달라지는데 앞서서 예시를 들었던 것을 기준으로

예시 문장: 홍승민은 군포 5대 천왕이다.

여기에서 앞선 기준으로 토큰화하면 총 6토큰이 됩니다. 이때 6토큰을 하나의 청크로 설정을 해도 되고 '홍승민은 군포'까지 1청킹 '5대 천왕이다.'를 1청킹 하면 총 청킹은 2개입니다. 청킹이 왜 중요하냐 하면, 우리가 쿼리를 던질 때(질문을 할 때) 그 질문에 대해 정확한 정보를 찾아서 답변을 해야 하고 그 정보를 찾는 기준이 청크이기 때문입니다. 다음 그림을 보겠습니다.

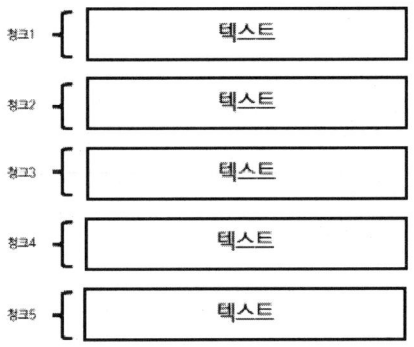

하나의 문장을 청크1로 설정할 경우 청크당 텍스트는 정말 잘 이해합니다. 하지만 청크2 내용이 청크1 내용과 같은 내용이라면 청크1로서 충분히 이해하지 못했다면 청크2까지 봐야 합니다. 그래서 중복으로 읽어 오게 하는 방법을 사용합니다.

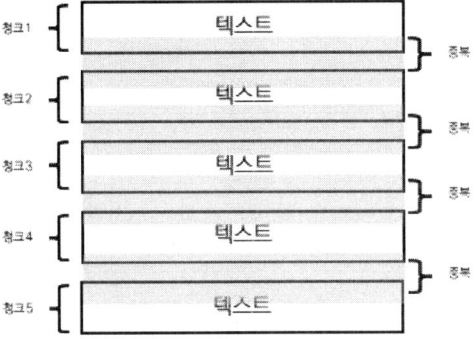

그럼 청크1 해석하고 청크2 해석하고 이런 것보다 청크1과 중복 해석하고 청크2와 중복 해석하면, 좀 더 이해가 빠르지 않을까요? 왜냐하면 '상관성'때문이죠. 이제 제가 왜 어렵게 LLM이 학습하는 방법을 설명하고 청킹을 설명하고 벡터가 뭔지 유사성을 어찌 해야 하는지 이해되시나요? 제가 쓴 글을 기준으로 구분해서 보겠습니다.

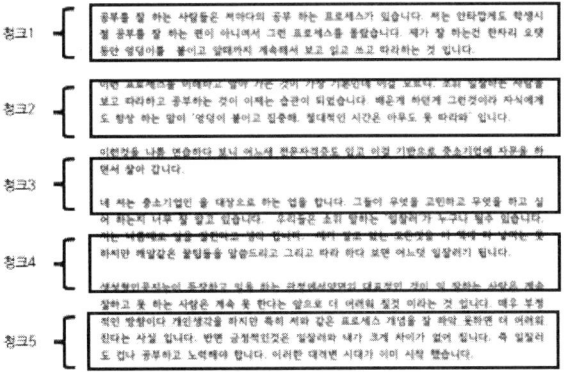

위와 같이 청킹하는 것하고

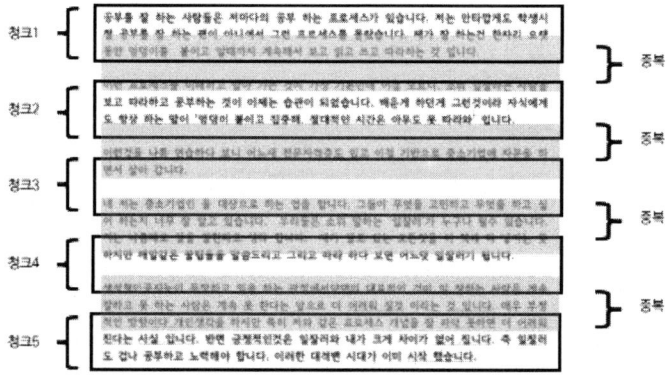

이렇게 청킹하는 것하고 어떤 것을 더 정확하게 인식을 할까요? 당연히 중복문서를 더 정확하게 인식합니다.

이러한 것은 학습은 아니지만, 우리가 LLM을 이용할 때 당분간 사용하게 될 RAG 방법에도 똑같이 적용이 됩니다.

청킹 방법에도 여러 가지 기법이 있지만, 자연구분자를 기준으로 하는 청킹을 주로 사용합니다. 이 방법이 가장 의미를 잘 이해하기 때문입니다.

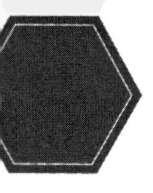

# 4.
# 사업 기획하기
# ① 과제 제목의 중요성

과제 제목이 해당 과제를 설명해 주는 가장 중요한 요소입니다.

회사로 하자면, 사명이고 점포로 하면 간판입니다. 과제 제목에서 대부분의 것이 설명되어야 합니다. 동시에 함축적 의미도 있어야 합니다. 그래서 과제 제목 정하기가 매우 어렵습니다.

과제 제목을 정하기에 앞서서 강조하고 싶은 것은, 과제 제목에서 대부분의 것을 설명하되 충분히 뒷이야기가 궁금하도록 상상을 자극하거나 또는 과제 제목에서 상상 가능한 모든 것을 다 설명해야 합니다.

## 과제 핵심 키워드

위에 이야기를 한 번에 다 설명하기에는 너무 어려워서 저는 과제 제목이 제법 길게 작성합니다. 지금은 덜하지만 저는 한때 과제 제목을 5줄까지 작성했던 적도 있습니다. 이 정도면 과제 제목이라기보다는 과제 설명하는 문장이라는 것이 더 바람직합니다. 그럼에도 불구하고 길게 쓸 수밖에 없었던 건 그만큼 표현하고 싶은 것이 많았기 때문입니다. 그리고 과제 제목은 과제를 접수하는 시점까지 수시로 변합니다. 그럼 과제 제목을 정하기에 앞서서 과제의 핵심 키워드부터 선정하겠습니다. 이 핵심 키워드는 5개 정도가 적당하고 과제를 접수할 때 사용하는 키워드 5종과는 다른 내용입니다. 제가 말씀드리는 핵심 키워드 5종은 해당 과제의 전체를 단어로 결정하는 수준으로 키워드를 뽑는 것입니다. 또한 키워드를 뽑기 위해서는 우리 기술에 대해서도 잘 알아야 합니다.

선정된 과제를 기준으로 키워드 도출에 대해서 연습을 하면 다음과 같습니다.

기술에 대한 설명, 이 기술은 소음을 탐지하는 마이크입니다. 마이크 중에서도 고수신 마이크라 생각하면 좋겠습니다. 마이크를 통해서 들어오는 소리 정보를 분석해서 구분해 내는 그런 기술입니다. 소리를 구분해서 도심 소음에 대한 대비를 하기 위한 그리고 예방을 하기 위한 그런 기술입니다. 당연하게도 인공지능이 들어가 있습니다. 소음을 구분하기 위해서는 딥러닝으로 소음을 구분해야 하기 때문입니다. 그리고 고수신 마이크로폰센서다 보니 음향에 대해서 매우 민감하게 반응을 하는데, 우리가 알고 있는 음향은 방향성이라는 것이 존재합니다. 방향성이란 음파의 파장이 서로 중첩되고 퍼져 가면서 위치가 어디인지 이해하는 것입니다. 원리 자체는 별거 아닙니다. 사람이 소리를 듣고 위치를 파악하는 것과 같은 개념입니다. 그래서 이 센서는 마이크로폰센서를 하나가 아니라 복수, 총 7개를 설치하여 동일한 소리 정보를 각 마이크로폰마다 입력되는 파장을 분석해서 위치를 찾을 수 있습니다.

이제 키워드를 뽑아 보겠습니다.

마이크로폰, 소음탐지, 인공지능, 소리 정보 위치추적, 소리 정보 분석, 도심소음, 소음예방 8개의 키워드를 뽑았습니다. 하지만, 우리가 기확보한 기술을 기준으로 키워드를 뽑고 사업계획서를 작성하게 되면 생각보다 키워드 선정이 어렵습니다. 생성형의 도움을 받아서 키워드를 뽑으면 한결 더 쉽게 키워드 선정이 용이합니다. 하지만, 현재 단계에서는 아이디어 도출을 위한 도움이지 생성형이 뽑아 주는 것을 맹신하면 안 됩니다.

> Input
> #키워드 추출을 위한 프롬프팅
> ##너의 과업: 정부사업지원을 위한 사업계획서 작성이야, 다음 내용을 참조해서 핵심 키워드를 선정해야 해

##키워드 선정 예시
1. 예시
사업계획서 내용: 생성형 인공지능 모델을 활용하여 특정업무에 특화된 생성형 인공지능 서비스 개발
선정 키워드: 생성형, 인공지능, 도메인서비스, 업무지원서비스, 특정업무, 초거대언어모델 응용

2. 예시
사업계획서 내용: 반려동물 보험처리 시 발생하는 손해사정과정에서 소비자의 불편사항과 보험회사의 업무를 간소화하기 위한 자동화 시스템
선정 키워드: 반려동물, 보험처리, 손해사정, RPA, 업무자동화, 불편제거, 업무간소화, 부당청구 방지

##키워드 선정 내용
사업계획서 내용: 소리 정보 탐지센서 마이크로폰을 다수 부착하여 인공지능을 활용하여 소음을 구분하고 위치가 어디인지 찾는 기술

##요청사항
선정 키워드 추출해 줘

Output
주어진 사업계획서 내용을 바탕으로 핵심 키워드를 다음과 같이 선정했습니다:

> 선정 키워드:
> 1. 소리 정보 탐지
> 2. 마이크로폰센서
> 3. 인공지능
> 4. 소음 구분
> 5. 소음원 위치 추적
> 6. 음향 분석
> 7. 다중 센서 네트워크
> 8. 실시간 모니터링
> 9. 소음 저감
> 10. 스마트 시티
> 생략

Written by AI: DRIVE GPT4o with HBC data 34cw, 2024. 1turn

저는 생성형을 이용하기 이전에 이미 정답을 알고 있기에 추출한 키워드에 대한 수준 파악이 됩니다. 사전지식 없이 본 책의 내용을 기준으로 추출한 키워드를 보시면 좀 어떠신가요? 제법 잘 뽑아냈습니다. 생성형이 추출한 키워드를 가지고 기획자가 직접 추가, 추출, 변형 즉 HUMAN TOUCH를 반드시 해야 합니다.

이 글을 작성하는 저는 이미 기술을 알고 있기에 위 추출 결과를 편집하자면, 다중 센서 네트워크, 소음 저감, 스마트시티는 지우겠습니다. 그리고 추가하는 키워드는 엣지컴퓨터, 온디바이스 AI 두 개를 추가해서 전체 핵심 키워드는

> 소리 정보 탐지, 마이크로폰센서, 인공지능, 소음 구분, 소음원 위치 추적, 음향 분석, 실시간 모니터링, 엣지컴퓨터, 온디바이스AI

키워드를 추출했으니 '1차과제명'을 정하겠습니다. '1차과제명'이라고 강조하는 이유는 사업계획서를 작성하면서 과제명은 계속 바뀌게 되고 사업계획서를 작성하면서 일부 기술도 변경 가능하기에 그렇습니다. 현재는 '기획'을 하고 있는 것입니다. 역시 생성형의 도움을 받아 보겠습니다.

---

Input
#과제명 작성을 위한 프롬프팅
##너의 과업: 정부사업지원을 위한 사업계획서 작성이야, 다음 키워드와 과제 내용을 참조해서 과제명을 작성해 줘 매우 구체적이고 직관적이며 이해하기 쉽게 작성해야 해

##과제명 작성 예시
1. 예시
사업계획서 내용: 생성형 인공지능 모델을 활용하여 특정업무에 특화된 생성형 인공지능 서비스개발
선정 키워드: 생성형, 인공지능, 도메인서비스, 업무지원서비스, 특정업무, 초거대언어모델 응용
과제명: 다중 검색증강 기술을 활용한 멀티 LLM 기반의 경영업무 지원 생성형 ChatBot 구축 및 업무지원을 위한 콘텐츠 제작

2. 예시

사업계획서 내용: 반려동물 보험처리 시 발생하는 손해사정과정에서 소비자의 불편사항과 보험회사의 업무를 간소화하기 위한 자동화 시스템

선정 키워드: 반려동물, 보험처리, 손해사정, RPA, 업무자동화, 불편제거, 업무간소화, 부당청구 방지

과제명: 반려동물 보험관계자(반려동물가족, 동물병원, 보험회사)의 총체적 경험 만족을 위한 언더 오토 언더라이팅(자동심사) 시스템 구축

##지금부터 너의 과업 내용, 과제명 작성하기
##키워드 선정 내용
사업계획서 내용: 소리 정보 탐지센서 마이크로폰을 다수 부착하여 인공지능을 활용하여 소음을 구분하고 위치가 어디인지 찾는 기술

##선정 키워드: 소리 정보 탐지, 마이크로폰센서, 인공지능, 소음 구분, 소음원 위치 추적, 음향 분석, 실시간 모니터링, 엣지컴퓨터, 온디바이스 AI

##요청사항
과제명 작성해 줘

Output
주어진 정보를 바탕으로 다음과 같은 과제명을 제안드립니다:

"다중 마이크로폰 어레이와 엣지 AI를 활용한 실시간 소음원 위치 추적 및 소음 유형 분류 시스템 개발"

> 이 과제명은 다음과 같은 특징을 가지고 있습니다:
> 생략

Written by AI: DRIVE GPT4o with HBC data 34cw, 2024. 1turn

과제명을 나쁘지 않게 뽑았습니다. 하지만 제 개인적 선호와는 조금 거리가 있네요. 하지만 제가 말씀드리는 거리는 저는 이미 정답이 있어 그 정답과 다르기에 그런 것입니다.

실제 과제에 적용한 과제명은 '소음탐지, 구분, 분석, 위치추적 엣지 단말 장치 및 MLops기반 맞춤형 AI고도화가 가능한 시스템 개발' 입니다.

생성형이 제안한 과제명과 제가 실제로 적용한 과제명은 아직 충분히 다를 수 있습니다. 아직 MLOps에 대한 개념도 설명하지 않았고 엣지 단말에 대한 것도 크게 강조하지 않았기 때문입니다.

이번 챕터의 프롬프팅을 아래 모아서 보여 드리며, TEXT 파일로 공유드립니다. 이를 활용하여 적합한 프롬프팅 세팅 후 사용하시면 됩니다.

## (1) 키워드 추출 사용자 프롬프팅

#키워드 추출을 위한 프롬프팅
##너의 과업: 정부사업지원을 위한 사업계획서 작성이야, 다음 내용을 참조해서 핵심 키워드를 선정해야 해.

##키워드 선정 예시
1. 예시
사업계획서 내용: 생성형 인공지능 모델을 활용하여 특정업무에 특화된 생성형 인공지능 서비스개발
선정 키워드: 생성형, 인공지능, 도메인서비스, 업무지원서비스, 특정업무, 초거대언어모델 응용

2. 예시
사업계획서 내용: 반려동물 보험처리 시 발생하는 손해사정과정에서 소비자의 불편사항과 보험회사의 업무를 간소화하기 위한 자동화 시스템
선정 키워드: 반려동물, 보험처리, 손해사정, RPA, 업무자동화, 불편제거, 업무간소화, 부당청구 방지

##키워드 선정 내용
사업계획서 내용: ○○을 위한 기술이야. (기술에 대해서 설명하십시오, 여기는 직접 작성하셔야 합니다.)

##요청사항
선정 키워드 추출해 줘.

## (2) 과제명 생성 사용자 프롬프팅

#과제명 작성을 위한 프롬프팅
##너의 과업: 정부사업지원을 위한 사업계획서 작성이야, 다음 키워드와 과제 내용을 참조해서 과제명을 작성해 줘. 매우 구체적이고 직관적이며 이해하기 쉽게 작성해야 해.

##과제명 작성 예시
1. 예시
사업계획서 내용: 생성형 인공지능 모델을 활용하여 특정업무에 특화된 생성형 인공지능 서비스개발
선정 키워드: 생성형, 인공지능, 도메인서비스, 업무지원서비스, 특정업무, 초거대언어모델 응용
과제명: 다중 검색증강 기술을 활용한 멀티 LLM 기반의 경영업무 지원 생성형 ChatBot 구축 및 업무지원을 위한 콘텐츠 제작

2. 예시
사업계획서 내용: 반려동물 보험처리 시 발생하는 손해사정과정에서 소비자의 불편사항과 보험회사의 업무를 간소화하기 위한 자동화 시스템
선정 키워드: 반려동물, 보험처리, 손해사정, RPA, 업무자동화, 불편제거, 업무간소화, 부당청구 방지
과제명: 반려동물 보험관계자(반려동물가족, 동물병원, 보험회사)의 총체적 경험 만족을 위한 언더 오토 언더라이팅(자동심사) 시스템 구축

##지금부터 너의 과업 내용, 과제명 작성하기

##키워드 선정 내용

사업계획서 내용: 소리 정보 탐지센서 마이크로폰을 다수 부착하여 인공지능을 활용하여 소음을 구분하고 위치가 어디인지 찾는 기술

선정 키워드: 소리 정보 탐지, 마이크로폰센서, 인공지능, 소음 구분, 소음원 위치 추적, 음향 분석, 실시간 모니터링, 엣지컴퓨터, 온디바이스 AI

##요청사항
과제명 작성해 줘.

# 4.
# 사업 기획하기
# ② 과제 개요 작성하기

　키워드 뽑고 제목을 결정하였으면, 이제 과제 개요를 작성해야 합니다.

　과제 개요 역시 생성형이 만들어 줄 수 있지만, 과제 개요 작성을 생성형을 통해서 하는 것은 추천하지 않습니다. 하지만 완전 초심자라면 생성형을 통해서 하는 것도 방법이기는 합니다. 다시 한번 저는 추천하지 않습니다. 왜냐하면 과제 개요가 과제 기획의 핵심이기 때문입니다.

　과제 개요는 개요 자체만으로 전체 기술개발에 대한 내용과 사업화에 대한 내용이 모두 포함되어야 합니다. 과제 개요는 과제명과 함께 가장 중요한 요소입니다. 특히 사업계획서 극초반에 나타나는 것으로 과제 개요에서 개발하고자 하는 모든 내용들을 설명하셔야 합니다. 과제 개요는 한 문장으로 끝나기는 어렵고 두 문장, 세 문장 등 충분히 과제에 대해서 설명을 해야 합니다. 즉 과제 개요를 보고 뒤에 이어질 내용들에 대해서 충분히 상상할 수 있도록 해야 합니다.

정리하자면, 과제 개요 작성 방법은
1. 사업계획서에 대한 모든 내용을 함축적으로 표현해야 한다.
2. 과제 개요는 충분히 길어도 되므로 충분히 설명을 해야 한다.
3. 여기가 평가위원을 설득하기 위한 최대 승부처다.
4. 과제 개요라 표현하지만 여기에서 모든 것을 다 설명한다.

제가 작성했던 과제 개요를 하나씩 보겠습니다.

> 본 기술개발은 반려동물 손해사정 시 발생하는 불편사항들을 개선하여, 반려동물 보험 시스템의 간편화를 위한 오토언더라이팅 서비스로, 이해관계자 모두의 서비스 경험(총체적 경험)을 개선하기 위한 개발서비스입니다. 특히 동물보험 작업에서 발생하는 수작업 분야를 정량화, 자동화함으로써 청구서비스의 불편사항 제거, 시간 단축, 신뢰성 구축을 통하여 종국에는 반려동물 보험진행상 모든 이해관계자의 편익 증진을 위한 서비스 개발입니다. 더불어, 동물보험 확인을 위해 객체 인식 과정에서 각 보험사는 EXCEL 등을 이용한 수작업 방법을 선호하는데, 본 개발시스템은 정부정책방향인 '동물등록제'에 등록된 반려동물을 대상으로 하여 이해관계자 모두의 편익제공과 동시 도덕적해이로 인한 부당청구를 완화하기 위한 기술개발입니다.

어떤 기술로 느껴지시나요? 반려동물에 대해서 잘 모르시더라도 그리고 약간 어려운 용어가 있더라도 이것을 왜 개발해야 하는지에 대한 당위성 표현이 느껴지시나요?

> 본 기술개발의 최종결과물은 소음탐지를 중심으로 하는 다종소음탐지, 소음 구분, 소음원 위치추정이 가능한 단말기로서 단말 설치지역 특성에 적합하게 AI 고도화가 가능한 시스템 개발입니다. 본 시스템의 개발을 통해 소음공해 지역별 맞춤식 관리를 목적으로 시흥시와 시범운영하고 (실증) 시범운영 이후 시흥시를 중심으로 유관 지자체에 확산 및 보급하고자 합니다.
>
> 더불어 본 단말기를 통해 수집되는 정보를 활용하여 기설치된 또는 설치 예정인 CCTV와의 물리적 연동을 위해 CCTV 방향조절을 위한 '방향동작 제어 모듈'을 개발하여 소음 발생지역의 영상정보를 기록 지원하도록 제작됩니다.

이번 개요는 어떤 기술로 느껴지시나요?

> 본 기술개발은 기보급되어 있는 초거대 인공지능 모델을 활용하여 특정과업을 위한 응용서비스 개발로 구체적으로 경영활동에 자주 사용하는 업무 지원을 위한 챗봇 시스템 구축입니다.
> 기술개발에 적용되는 초거대 인공지능 모델은 기개발 보급되어 있는 챗봇 API를 활용하고 어시스턴트 RAG 기법을 적용하여 개발하고자 합니다.

> 더불어 LANG CHAIN 라이브러리가 해결하지 못하는 RAG 빈도에 따른 높은 토큰 비용 발생과 그리고 앞선 쿼리 처리 시 발생하는 시간 지연을 해결하기 위한 최적화 시스템을 개발하고자 합니다.
>
> 기술개발 결과물인 인공지능 챗봇 기술의 확산 및 사업화를 위해 응용 이용 가능한 업무콘텐츠를 개발하여 챗봇과 동시 보급하고자 합니다. 특히 국내 빠른 실증을 기반으로 생성형 인공지능 시장이 더 크고 더 활성화된 일본에 빠르게 서비스를 출시하여 수출실적을 확보하고자 합니다.

마지막 예시입니다. 이번 기술은 어떤 느낌이신가요?

제가 '사실 중심으로 작성해야 하는 정부지원 사업계획서'에 작성 방법에 대한 설명을 하면서 '느낌'이라는 단어를 사용했습니다.

그 이유는 다름이 아니라, 결국 사업계획서 평가는 사람이 하는 것입니다. 그렇기에 글을 읽는 평가위원 자체도 본인 스스로 무언가 정량적이고 객관적인 관점으로 접근을 하려고 하지만 결국 느낌적인 느낌을 배제할 수 없는 것입니다.

그렇기에 과제 개요, 그중에서도 특히 맨 처음 도입은 내 모든 것을 설명하기 위한 것이므로 한 땀 한 땀 정성스럽게 내용을 가다듬어서 작성을 해야 합니다.

# 생성형 인공지능을 활용해서
# 과제 개요 작성을 위한 기초 다지기

생성형 인공지능에 다음 내용을 복사해서 넣어 보겠습니다.

---

Input
#과제 개요 작성을 위한 프롬프팅
##너의 과업: 정부사업지원을 위한 사업계획서 작성이야, 그중에서 과제 개요를 작성할 거야 예시를 보고 개요를 작성해 줘

##과제 개요 작성예시
1. 예시
사업계획서 내용: 생성형 인공지능 모델을 활용하여 특정업무에 특화된 생성형 인공지능 서비스개발

선정 키워드: 생성형, 인공지능, 도메인서비스, 업무지원서비스, 특정업무, 초거대언어모델 응용

과제명: 다중 검색증강 기술을 활용한 멀티 LLM 기반의 경영업무 지원 생성형 ChatBot 구축 및 업무지원을 위한 콘텐츠 제작

과제 개요: 본 기술개발은 기보급되어 있는 초거대 인공지능 모델을 활용하여 특정과업을 위한 응용서비스 개발로 구체적으로 경영활동에 자주 사용하는 업무 지원을 위한 챗봇 시스템 구축입니다.

기술개발에 적용되는 초거대 인공지능 모델은 기개발 보급되어 있는 챗봇 API를 활용하고 어시스턴트 RAG 기법을 적용하여 개발하고자 합니다. 더불어 LANG CHAIN 라이브러리가 해결하지 못하는 RAG 빈도에 따른 높은 토큰 비용 발생과 그리고 앞선 쿼리 처리 시 발생하는 시간 지연을 해결하기 위한 최적화 시스템을 개발하고자 합니다.

기술개발 결과물인 인공지능 챗봇 기술의 확산 및 사업화를 위해 응용 이용 가능한 업무콘텐츠를 개발하여 챗봇과 동시 보급하고자 합니다. 특히 국내 빠른 실증을 기반으로 생성형 인공지능 시장이 더 크고 더 활성화된 일본에 빠르게 서비스를 출시하여 수출실적을 확보하고자 합니다.

2. 예시

사업계획서 내용: 반려동물 보험처리 시 발생하는 손해사정과정에서 소비자의 불편사항과 보험회사의 업무를 간소화하기 위한 자동화 시스템

선정 키워드: 반려동물, 보험처리, 손해사정, RPA, 업무자동화, 불편제거, 업무간소화, 부당청구 방지

과제명: 반려동물 보험관계자(반려동물가족, 동물병원, 보험회사)의 총체적 경험 만족을 위한 언더 오토언더라이팅(자동심사) 시스템 구축

과제 개요: 본 기술개발은 반려동물 손해사정 시 발생하는 불편사항들을 개선하여, 반려동물 보험 시스템의 간편화를 위한 오토언더라이팅 서비스로, 이해관계자 모두의 서비스 경험(총체적경험)을 개선하기 위한 개발서비스입니다.

특히 동물보험 작업에서 발생하는 수작업 분야를 정량화, 자동화함으로써 청구서비스의 불편사항 제거, 시간 단축, 신뢰성 구축을 통하여 종국에는 반려동물 보험진행상 모든 이해관계자의 편익 증진을 위한 서비스 개발입니다. 더불어, 동물보험 확인을 위해 객체 인식과정에서 각 보험사는 EXCEL 등을 이용한 수작업 방법을 선호하는데, 본 개발시스템은 정부정책방향인 '동물등록제' 등록된 반려동물을 대상으로 하여 이해관계자 모두의 편익제공과 동시 도덕적해이로 인한 부당청구를 완화하기 위한 기술개발입니다.

#여기부터 요청사항
##과제 개요 작성 요청
사업계획서 내용: 소리 정보 탐지센서 마이크로폰을 다수 부착하여 인공지능을 활용하여 소음을 구분하고 위치가 어디인지 찾는 기술

선정 키워드: 소리 정보 탐지, 마이크로폰센서, 인공지능, 소음 구분, 소음원 위치 추적, 음향 분석, 실시간 모니터링, 엣지컴퓨터, 온디바이스AI

과제명: 소음탐지, 구분, 분석, 위치추정 엣지 단말 장치 및 MLops 기반 맞춤형 AI고도화가 가능한 시스템 개발

##과제 개요 작성해 줘

Output
소리 정보 탐지센서 마이크로폰을 다수 부착하여 인공지능을 활용하여 소음을 구분

> 하고 위치를 찾는 기술을 개발하는 프로젝트의 과제명은 '소음탐지, 구분, 분석, 위치추정 엣지 단말 장치 및 MLops 기반 맞춤형 AI고도화가 가능한 시스템 개발'입니다. 해당 프로젝트의 과제 개요에서는 소음을 탐지하고 위치를 찾기 위해 소리 정보 탐지, 마이크로폰센서, 인공지능, 소음 구분, 소음원 위치 추적, 음향 분석, 실시간 모니터링, 엣지컴퓨터, 온디바이스AI 기술을 활용할 것으로 예상됩니다. 이를 통해 소음 관련 문제를 해결하고 향상된 소음 탐지 및 분석 시스템을 개발함으로써 관련 기술을 고도화할 계획입니다.

Written by AI: DRIVE GPT4o with HBC data 34cw, 2024. 1turn

제가 실제 예시를 들어서 보여 드리지만, 다시 한번 강조드리면 생성형을 이용하시기보다 직접 작성하시는 것을 추천합니다.

위 내용의 전체적인 분위기가 너무 전문기술을 보유한 사람이 어설프게 작성한 기분이 들어서 편집을 하겠습니다.

### 편집 후

> 본 기술개발은 소음탐지를 통한 사회적문제 해결을 위한 기술개발로서 구체적으로 소음을 탐지하고 구분하여, 소음원의 위치를 추정하는 인공지능 기술이 적용된 시스템으로 구체적으로 인공지능이 들어간 단말단은 엣지컴퓨터 기술이 적용된 온디바이스 AI기술로서 복수의 고성능 마이크로폰센서로부터 소음 정보 수집 시 각 소음의 파향을 분석하여 소음원의 위치와 거리가 측정되고 동시에 소음의 패턴을 분석하여 소음이 공사소음인지 오토바이 소음인지 등을 구분하는 기술입니다.

본 기술은 또 통합 상황실에서 실시간 모니터링까지 지원하게 개발하여 주로 지자체 도심관리 센터에서 다른 CCTV 정보와 함께 통합적으로 관리되는 시스템 개발입니다.

생성형 인공지능이 만들어 준 결과물을 가지고 다시 편집한 내용입니다. 글을 작성하는 시점에서 AI:DRIVE 서비스를 이용하여 저의 데이터가 적용된 결과물을 다수 반복 프롬프팅을 통해 확인을 하면 GPT4o 또는 Claude3.5가 좀 더 구체적인 개요를 작성하여 주는 것이 확인 가능합니다.

### (1) 과제 개요 작성 프롬프팅

#과제 개요 작성을 위한 프롬프팅
##너의 과업: 정부사업지원을 위한 사업계획서 작성이야, 그중에서 과제 개요를 작성할 거야. 예시를 보고 개요를 작성해 줘.

##과제 개요 작성예시
1. 예시
사업계획서 내용: 생성형 인공지능 모델을 활용하여 특정업무에 특화된 생성형 인공지능 서비스개발

선정 키워드: 생성형, 인공지능, 도메인서비스, 업무지원서비스, 특정업무, 초거대언어모델 응용

과제명: 다중 검색증강 기술을 활용한 멀티 LLM 기반의 경영업무 지원 생성형 ChatBot 구축 및 업무지원을 위한 콘텐츠 제작

과제 개요: 본 기술개발은 기보급되어 있는 초거대 인공지능 모델을 활용하여 특정과업을 위한 응용서비스 개발로 구체적으로 경영활동에 자주 사용하는 업무 지원을 위한 챗봇 시스템 구축입니다.

기술개발에 적용되는 초거대 인공지능 모델은 기개발 보급되어 있는 챗봇 API를 활용하고 어시스턴트 RAG 기법을 적용하여 개발하고자 합니다. 더불어 LANG CHAIN 라이브러리가 해결하지 못하는 RAG 빈도에 따른 높은 토큰 비용 발생과 그리고 앞선 쿼리 처리 시 발생하는 시간 지연을 해결하기 위한 최적화 시스템을 개발하고자 합니다.

기술개발 결과물인 인공지능 챗봇 기술의 확산 및 사업화를 위해 응용 이용 가능한 업무콘텐츠를 개발하여 챗봇과 동시 보급하고자 합니다. 특히 국내 빠른 실증을 기반으로 생성형 인공지능 시장이 더 크고 더 활성화된 일본에 빠르게 서비스를 출시하여 수출실적을 확보하고자 합니다.

2. 예시

사업계획서 내용: 반려동물 보험처리 시 발생하는 손해사정과정에서 소비자의 불편사항과 보험회사의 업무를 간소화하기 위한 자동화 시스템

선정 키워드: 반려동물, 보험처리, 손해사정, RPA, 업무자동화, 불편제거, 업무간소화, 부당청구 방지

과제명: 반려동물 보험관계자(반려동물가족, 동물병원, 보험회사)의 총체적 경험 만족을 위한 언더 오토 언더라이팅(자동심사) 시스템 구축

과제 개요: 본 기술개발은 반려동물 손해사정 시 발생하는 불편사항들을 개선하여, 반려동물 보험 시스템의 간편화를 위한 오토언더라이팅 서비스로, 이해관계자 모두의 서비스 경험(총체적경험)을 개선하기 위한 개발서비스입니다. 특히 동물보험 작업에서 발생하는 수작업 분야를 정량화, 자동화함으로써 청구서비스의 불편사항 제거, 시간 단축, 신뢰성 구축을 통하여 종국에는 반려동물 보험진행상 모든 이해관계자의 편익 증진을 위한 서비스 개발입니다. 더불어, 동물보험 확인을 위해 객체인식과정에서 각 보험사는 EXCEL 등을 이용한 수작업 방법을 선호하는데, 본 개발시스템은 정부정책방향인 '동물등록제' 등록된 반려동물을 대상으로 하여 이해관계자 모두의 편익제공과 동시 도덕적해이로 인한 부당청구를 완화하기 위한 기술개발입니다.

#여기부터 요청사항
##과제 개요 작성 요청
사업계획서 내용: (여기 앞서서 작성하신 내용을 넣는 것입니다.)

선정 키워드: (여기 앞서서 만든 키워드 넣는 것입니다.)

과제명: (여기 직접 작성하신 과제명을 넣는 것입니다.)

##과제 개요 작성해 줘

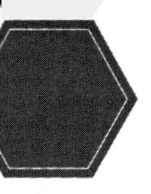

# 4.
# 사업 기획하기
# ③ 기술에 대한 특장점 그리고 경쟁적 차별성

사업계획서 작성 방법을 넘어서서, 우리 제품이나 서비스의 특징이나 강점을 설명하기 위해서는 크게 두 가지 방법이 있습니다. 먼저 쉬운 방법 하나는 경쟁기업 또는 경쟁 기술과의 차별성을 강조하는 것이고 두 번째로는 우리 고유의 기능이나 성능을 강조하는 것입니다.

## 고유의 기능이나 성능 그리고 특장점

고유의 기능이나 성능이라 하면 우리만 보유하고 있는 것들 우리만 할 수 있는 기술들을 말합니다. 안타깝게도 기존 제품의 모사 제품이라면, 가격 경쟁력 말고는 경쟁점이 존재하기 어렵습니다. 반대로 가격 경쟁력은 기본 사항이며 추가로 어떠한 특징이나 장점이 있어야 소비자들 또는 고객사가 선택을 하게 되는 것입니다. 이렇게 우리 제품이나 서비스의 특징적인 기능이나 성능에 대해서 처음부터 고민하셨다면 그 내용을 작성해 주시는 것이 좋고 그렇지 않다면 지금부터라도 찾아야 하고 아직 찾지 못한다면 사실 시장에서 외면받기 쉽습니다. 이때 정부 과제가 아니라면 강력한 브랜딩과 강력한 마케팅으로 극복 가능한데 그것이 아니라면 반드시 기능이나 성능의 차이가 있어야 합니다. 반면 정부 과제의 경우 'R&D' 지원 사업이다 보니 반드시 기술적 차별성이 있어야 합니다. 그리고 우리가 작성할 기능이나 특징은 홀수 3, 5, 7을 넘지 않았으면 합니다. 추천하는 것은 5가지입니다.

이런 기술적 차이 즉 고유의 기능이나 성능을 정리하고 표현할 때 아래와 같은 도식화가 보기 좋습니다.

| 핵심기능 | 기능 설명 | 경쟁적 차별점 |
| --- | --- | --- |
| 위치추적 | 소음원의 위치를 ±1m로 추정합니다. | 사각지대를 포함하여 위치추적이 가능하고 육안 식별 가능한 거리 수준까지 추정 가능하여 직관적인 이벤트 관찰이 가능합니다. |
| 소음 구분 | 매우 세부적인 소음 구분이 가능합니다. | 기존의 차량으로 구분이 아닌 소형차, 중형차, 오토바이 등 세부적인 구분이 가능합니다. |
| 소음 예측 | 소음 발생을 예측하여 사전 대응이 가능합니다. | 주 소음원의 발생 시각을 추적하여 사전 대응을 가능한 예측 시스템이 적용됩니다. |

| 데이터 효율화 | 선별 데이터 전송으로 비용 최적화가 가능합니다. | 독립적으로 데이터를 구분 분석하여 이벤트 발생, 학습 고도화 데이터만 전송합니다. |
| 엣지컴퓨팅 | 독립적으로 사용 가능합니다. | 클라우드에 연결이 되지 않아도 독자적으로 사용 가능합니다. |

(기능, 특장점은 위 예시와 같이 표 형태로 하는 것이 보기 좋습니다.)

위 내용은 본 책에서 사용하기 위하여 그리고 공유하는 사업계획서를 기준으로 작성된 결과 중심의 내용입니다. 이렇게 바로 특장점에 대해서 작성할 수 있으면 좋지만, 현실에서는 이러한 것이 어려우니 이러한 문장을 만드는 방법을 알아보겠습니다. 단 미리 핵심기능은 나와야 합니다.

---

Input
#우리 제품의 핵심기능 설명을 작성할 거야 다음 예시를 참조해서 작성해 줘
##예시1
과제명: 다중 검색증강 기술을 활용한 멀티 LLM 기반의 경영업무 지원 생성형 ChatBot 구축 및 업무지원을 위한 콘텐츠 제작

사업계획서 내용: 생성형 인공지능 모델을 활용하여 특정업무에 특화된 생성형 인공지능 서비스개발

키워드: 생성형, 인공지능, 도메인서비스, 업무지원서비스, 특정업무, 초거대언어모델 응용

---

4. 사업 기획하기

과제 개요: 본 기술개발은 기보급되어 있는 초거대 인공지능 모델을 활용하여 특정과업을 위한 응용서비스 개발로 구체적으로 경영활동에 자주 사용하는 업무 지원을 위한 챗봇 시스템 구축입니다.

기술개발에 적용되는 초거대 인공지능 모델은 기개발 보급되어 있는 챗봇 API를 활용하고 어시스턴트 RAG 기법을 적용하여 개발하고자 합니다. 더불어 LANG CHAIN 라이브러리가 해결하지 못하는 RAG 빈도에 따른 높은 토큰 비용 발생과 그리고 앞선 쿼리 처리 시 발생하는 시간 지연을 해결하기 위한 최적화 시스템을 개발하고자 합니다.

기술개발 결과물인 인공지능 챗봇 기술의 확산 및 사업화를 위해 응용 이용 가능한 업무콘텐츠를 개발하여 챗봇과 동시 보급하고자 합니다. 특히 국내 빠른 실증을 기반으로 생성형 인공지능 시장이 더 크고 더 활성화된 일본에 빠르게 서비스를 출시하여 수출실적을 확보하고자 합니다.

핵심기능: 검색증강, 멀티 LLM, 토큰 최적화, 특정과업서비스, 응용콘텐츠

핵심기능 설명:
- 검색증강: 첨부 문서를 활용하여 생성형 인공지능 답변에 객관성 및 최신성을 유지하고 환각현상을 최소화합니다.
- 멀티 LLM: 초거대 언어모델 3종 이상을 동시에 사용할 수 있게 개발하여 사용자의 기호와 각 언어모델 간 특징을 활용 할 수 있게 개발합니다.
- 토큰 최적화: 사용자별 반복질문을 미리 저장한 답변으로 대체하게 함으로서 발생되는 토큰비용을 최소화할 수 있습니다.

- 특정과업서비스: RAG문서를 고도화 편집하여 특정과업에 최적화되면서 동시에 창작 가능한 데이터 생성이 가능하게 개발됩니다.
- 응용콘텐츠: 초보자도 충분히 이용 가능한 응용콘텐츠를 추가 구축하여 RAG 기능을 고도화할 예정입니다.

##예시 2
과제명: 반려동물 보험관계자(반려동물가족, 동물병원, 보험회사)의 총체적 경험 만족을 위한 언더 오토 언더라이팅(자동심사) 시스템 구축

사업계획서 내용: 반려동물 보험처리 시 발생하는 손해사정과정에서 소비자의 불편사항과 보험회사의 업무를 간소화하기 위한 자동화 시스템

키워드: 반려동물, 보험처리, 손해사정, RPA, 업무자동화, 불편제거, 업무간소화, 부당청구 방지

과제 개요: 본 기술개발은 반려동물 손해사정 시 발생하는 불편사항들을 개선하여, 반려동물 보험 시스템의 간편화를 위한 오토언더라이팅 서비스로, 이해관계자 모두의 서비스 경험(총체적경험)을 개선하기 위한 개발서비스입니다. 특히 동물보험 작업에서 발생하는 수작업 분야를 정량화, 자동화함으로써 청구서비스의 불편사항 제거, 시간 단축, 신뢰성 구축을 통하여 종국에는 반려동물 보험진행상 모든 이혜관계자의 편익 증진을 위한 서비스 개발입니다. 더불어, 동물보험 확인을 위해 객체 인식과정에서 각 보험사는 EXCEL 등을 이용한 수작업 방법을 선호하는데, 본 개발시스템은 정부정책방향인 '동물등록제' 등록된 반려동물을 대상으로 하여 이해관계자 모두의 편익제공과 동시 도덕적해이로 인한

부당청구를 완화하기 위한 기술개발입니다.

핵심기능: 오토언더라이팅, OCR, 진료내역표준화, 클라이언트개발

핵심기능 설명:
- 오토언더라이팅: 표준화된 진료내역서를 기준으로 보험상품을별 자동으로 심사청구가 진행되어 기존 수작업의 자동화로 업무가 간편해집니다.
- OCR: EMR에서 발행한 진료내역서 내용 PDF, JPG 변환 해석하는 기능입니다.
- 진료내역표준화: 다양한 EMR 시스템에서 제공되는 진료내역서를 표준화하여 통일된 포맷으로 변환 및 데이터 처리를 함으로써 일반 사용자는 진료내역 이미지만 올리면 모든 업무가 끝나는 매우 간단한 시스템 입니다.
- 클라이언트개발: 클라우드 환경을 통한, 시스템 안정성 및 확장성을 확보하고자 합니다.

###작성 요청 내용
과제명: 소음탐지, 구분, 분석, 위치추정 엣지 단말 장치 및 MLops기반 맞춤형 AI고도화가 가능한 시스템 개발

사업계획서 내용: 소리 정보 탐지센서 마이크로폰을 다수 부착하여 인공지능을 활용하여 소음을 구분하고 위치가 어디인지 찾는 기술

키워드: 소리 정보 탐지, 마이크로폰센서, 인공지능, 소음 구분, 소음원 위치 추적, 음향 분석, 실시간 모니터링, 엣지컴퓨터, 온디바이스AI

과제 개요: 소리 정보 탐지센서 마이크로폰을 다수 부착하여 인공지능을 활용하여 소음을 구분하고 위치를 찾는 기술을 개발하는 프로젝트의 과제명은 '소음탐지, 구분, 분석, 위치추정 엣지 단말 장치 및 MLops기반 맞춤형 AI고도화가 가능한 시스템 개발'입니다. 해당 프로젝트의 과제 개요에서는 소음을 탐지하고 위치를 찾기 위해 소리 정보 탐지, 마이크로폰센서, 인공지능, 소음 구분, 소음원 위치 추적, 음향 분석, 실시간 모니터링, 엣지컴퓨터, 온디바이스AI 기술을 활용할 것으로 예상됩니다. 이를 통해 소음 관련 문제를 해결하고 향상된 소음 탐지 및 분석 시스템을 개발함으로써 관련 기술을 고도화할 계획입니다.

핵심기능: 소음 측정, 소음원위치추적, 음향분석, 엣지컴퓨팅, 인공지능 고도화

#핵심기능 작성해 줘

Output

주어진 내용을 바탕으로 핵심기능 설명을 작성하겠습니다:

핵심기능 설명:

- 소음 측정: 다수의 마이크로폰센서를 활용하여 실시간으로 소음을 탐지하고 측정합니다. 이를 통해 정확한 소음 데이터를 수집할 수 있습니다.

- 소음원 위치추적: 수집된 소음 데이터를 분석하여 소음의 발생 위치를 정확하게 추적합니다. 여러 센서의 데이터를 종합적으로 분석하여 소음원의 위치를 특정할 수 있습니다.

- 음향분석: 인공지능 기술을 활용하여 수집된 소음을 분석하고 구분합니다. 다양한 종류의 소음을 식별하고 분류할 수 있어 보다 정확한 소음 정보를 제공합니다.

- 엣지컴퓨팅: 소음 데이터의 일차적인 처리와 분석을 현장의 엣지 디바이스에서 수행합니다. 이를 통해 실시간 처리 속도를 높이고 네트워크 부하를 줄일 수 있습니다.

- 인공지능 고도화: MLOps 기반의 시스템을 구축하여 지속적으로 AI 모델을 개선하고 고도화합니다. 이를 통해 소음 탐지 및 분석의 정확도와 효율성을 지속적으로 향상시킬 수 있습니다.

Written by AI: DRIVE GPT4o with HBC data 35cw, 2024. 1turn

다음으로 경쟁적 차별점에 대해서 작성을 해 보겠습니다.

## 경쟁적 차별점

가끔 개발하는 제품이 신제품이고 그동안 없었던 것이라고 주장하시는 분들을 자주 뵙습니다. 이때마다 다시 물어보는 내용이 "이미

어딘가에는 개발이 되었을 것이고, 유사한 제품이 있을 것입니다. 생각하시는 경쟁사가 어디일까요?"라고 다시 질문 합니다. 이때 저의 의견을 받아들이는 기업은 제 입장에서 우수한 고객기업이 되는 것이고 받아들이지 못하는 기업들은 제 고객이 아니게 돼서 대충 상담만 하고 마무리합니다. 후자의 경우 민원만 안 나오게 설명해 드립니다. 충분한 상담이 되었는데 에이치비씨 측에서 계약 이야기가 나오지 않으면 그건 홍승민 입장에서 대충 상담한 내용입니다. 즉, 고객사는 제가 대충 상담한 것도 모르고 넘어갑니다. 저는 이럴 때 하나 마나 한 이야기만 잔뜩 하기 때문입니다. 그럼에도 일반 컨설턴트보다 매우 우수한 수준으로 상담을 진행합니다.

어딘가 개발되었다는 것을 기장 기본으로 생각하고 접근하셔야 합니다. 즉 무조건 경쟁기업 또는 경쟁 기술이 있어야 합니다. 경쟁 기술 또는 경쟁기업이 의미하는 것은 다음과 같습니다.

## (1) 유사한 기능을 제공하는 기술

새로운 기술이나 상품은 기존에 존재하는 기술 또는 상품과 기능적으로 유사할 수 있습니다. 이러한 경우, 직접적인 경쟁은 아니더라도 간접적인 기술적 경쟁이 있는 것입니다.

## (2) 대체재

제품 또는 기술이 명확히 구분되는 새로운 것이더라도, 그 역할을 대체할 수 있는 다른 상품이나 기술이 있을 수 있습니다. 이러한 대체재 역시 경쟁 요소로 고려해야 합니다.

### (3) 시장 지위와 브랜드 인지도

기존 시장에서 이미 강력한 브랜드 인지도를 가지고 있는 기업들도 경쟁사로 간주될 수 있습니다. 새로운 기술이 뛰어나더라도, 이미 시장에서 신뢰를 얻고 있는 브랜드가 있는 경우, 이를 상대하는 방법이 필요합니다. 주로 사업화 작성 부분에서 다루게 됩니다.

그럼 경쟁적 차별점을 작성하는 방법을 알아보겠습니다.

먼저 경쟁사를 찾아 보는 방법에는 왕도가 없습니다. 선정하신 핵심 키워드로 직접 웹 리서치를 진행하시거나, 박람회를 참가해서 경쟁사를 찾는 방법 그리고 특허조사를 통한 방법도 있습니다. 특허조사 방법은 특허 분석 파트에서 다룰 예정이므로 특허를 활용한 방법을 간단하게 말씀드리면, 특허 분석을 하면 해당 키워드에 적합한 특허를 보유하고 있는 기업의 이름이 나옵니다. 그 기업을 특정해서 검색하고 자료를 수집하면 됩니다. 이 외에도 NTIS에서 검색하는 방법도 있습니다.

## 경쟁 기술 간 특징을 비교한 경우

| | Fine Tuning | RLHF | RAG |
|---|---|---|---|
| 적용 시 특징 | 생성형 인공지능에 적합하며 CSV 파일 등으로 쉽게 접근 가능하며 Json 파일 변환이 용이함. | 인공지능의 일반적인 사용 방법이며 생성형에 적합하도록 사람에 의한 피드백으로 강화함 | 텍스트 문서 업로드로 매우 용이한 방법이나, 텍스트 문서별 특징을 파악해야 함 |
| 기술난이도 | 낮음 | 높음 | 낮음 |
| 학습데이터 용량 | 최소 40~50컬럼 최대 500컬럼 미만 | 많을수록 우수하며, 휴먼피드백 자료가 필수로 필요 | 텍스트 양에 따라, 다르며 동시에 다양한 주제 참조 시 환각현상이 발생함 |
| 사용 용이성 | 데이터 수집이 용이하며 라벨링 작업이 필요 | 인공지능 개발자의 능력과 데이터 순수성이 중요하여 사용이 다소 어려움 | 범용적으로 쉽게 접근 가능하며, 확보데이터 윤리가 요구됨 |
| 구현 비용 | 낮음 | 높음 | 낮음 |

4. 사업 기획하기

**경쟁사와 특징을 비교한 경우**

|  | 더 펫 허그 | 애니포스 펫 보험 간편 청구 시스템 | 당사 개발 서비스 |
|---|---|---|---|
| 기능 | 카톡으로 심사 청구 진행 | 치료비 영수증의 업로드만으로 보험금을 청구 및 수령 가능 | 병원현장에서 심사진행 소비자 자부담 결제 진행으로 사람 보험과 비슷한 시스템 |
| 특징 | - 카톡데이터 사람에 의한 엑셀화 진행<br>- 자체개발 보험에 한정하여 간편심사 진행 | - 제휴 펫 보험 운영사에 다양한 서비스 제공<br>- 보험금 사정업무에 필요한 정보의 취득, 보험금 청구업무의 포괄적인 업무효율화 서비스 제공 | - 주요질환 수가 기준 자체확립<br>- 반려동물 보험 관련 데이터 확보<br>- OCR 기술 적용<br>- 시스템을 통한 오토 언더라이팅<br>- 보험수가 결정을 위한 알고리즘 |
| 국가/수익 | 국내 기업<br>보험상품 판매전문 회사로, 판매하는 보험 및 제휴에 의한 보험 청구 시 무료 서비스 제공 (소액 기준) | 일본 기업<br>일본 서비스로 국내 실증 필요시 국내법 기준으로 요건변환 필수<br>사용자 별도 수수료 지불 | 국내 기업<br>국내 보험사 업무인 언더라이팅을 진행하여 보험사로부터 수익 발생 |

|  | 기보급된 경쟁 기술 | 본 기술개발 제품 |
|---|---|---|
| 영상정보 수집 | 가능 | 가능 |
| 소음 측정 | 일부제품 가능 | 가능 |
| 소음 정보 분석 | 학습데이터 기준 가능 | 지속적 학습 |
| 위치 추적 | 영상정보 내 가능 | 이상음 기반 |
| 사각지대 추적 | 어려움 | 가능 |

**책에서 예시를 든 과제에 실제 적용된 특장점**

|  | 국내 경쟁사<br>(아이브스) | 해외 경쟁사<br>(Emerson Electric Co.) | 본 기술개발 제품 |
|---|---|---|---|
| 영상정보 수집 | 조건부 가능 | 불가 | 조건부 가능 |
| 소음 구분 수 | 4종 | 5종 | 5종 이상 |
| 소음 정보 분석 | 학습데이터 기준 가능 | 학습데이터 기준 가능 | 지속적 학습 |
| 위치 추적 | 불가 | 가능 | 가능 |
| 사각지대 추적 | 어려움 | 가능 | 가능 |
| 선별관제(엣지) | 불가 | 불가 | 엣지단 선별관제 가능 |
| 사이트 맞춤형 | 사이트별 별도 학습 필요 | 개발 중 | 사이트별 맞춤 고도화 |
| AI고도화 | 불가 | 불가 | ML Ops 기반 |

경쟁 기술 또는 특장점 작성하는 방법을 설명드리기란 여간 어렵습니다. 단순하게 말씀드리면 '경쟁사를 찾아서 그들의 특징을 분석하고 그 특징의 장단점 대비 우리가 우수한 내용을 기술하자'입니다. 이 부분은 작성 요령보다는 원래 해야 하는 부분이기에 특별한 설명을 생략하겠습니다.

추가로 사업계획서 작성 시 필요한 내용으로 위 테이블 내용을 테이블 형태가 아니라 텍스트 형태로 해야 합니다. 마크다운 형태의 테이블 형태로 구현을 하시면 좋은데 구현하는 게 조금 시간이 걸리니 단순 텍스트 형태로 구현하시는 것도 좋습니다. 방법은 간단합니다. 작성하신 내용을 그대로 드래그하여 복사하고, 메모장에 붙여 넣기 하신 이후 줄 편집만 하시면 됩니다.

**기술적 특장점**

- 기 보급된 경쟁 기술보다 본 기술개발 제품은 영상정보 수집 가능, 소음 측정 일부 제품 가능
- 가능 소음 정보 분석 학습데이터 기준 가능 지속적 학습, 위치 추적 영상정보 내 가능
- 이상음 기반 사각지대 추적 어려움 가능

작성하신 내용을 위와 같이 준비해 두셔야 이후 작업이 수월해집니다.

이제 기초 작업이 마무리되었습니다. 다음 장부터 사업계획서 작성을 위한 프롬프팅을 예시를 들어서 하나씩 설명드리겠습니다.

### 핵심기능 작성하기

우리 제품의 핵심기능 설명을 작성할 거야. 다음 예시를 참조해.
##예시1
과제명: 다중 검색증강 기술을 활용한 멀티 LLM 기반의 경영업무 지원 생성형 ChatBot 구축 및 업무지원을 위한 콘텐츠 제작

사업계획서 내용: 생성형 인공지능 모델을 활용하여 특정업무에 특화된 생성형 인공지능 서비스개발

키워드: 생성형, 인공지능, 도메인서비스, 업무지원서비스, 특정업무, 초거대언어모델 응용

#과제 개요: 본 기술개발은 기보급되어 있는 초거대 인공지능 모델을 활용하여 특정과업을 위한 응용서비스 개발로 구체적으로 경영활동에 자주 사용하는 업무 지원을 위한 챗봇 시스템 구축입니다.

기술개발에 적용되는 초거대 인공지능 모델은 기개발 보급되어 있는 챗봇 API를 활용하고 어시스턴트 RAG 기법을 적용하여 개발하고자 합니다. 더불어 LANG CHAIN 라이브러리가 해결하지 못하는 RAG 빈도에 따른 높은 토큰 비용 발생과 그리고 앞선 쿼리 처리 시 발생하는 시간 지연을 해결하기 위한 최적화 시스템을 개발하고자 합니다.

기술개발 결과물인 인공지능 챗봇 기술의 확산 및 사업화를 위해 응용 이용 가능한 업무콘텐츠를 개발하여 챗봇과 동시 보급하고자 합니다. 특히 국내 빠른 실증을 기반으로 생성형 인공지능 시장이 더 크고 더 활성화된 일본에 빠르게 서비스를 출시하여 수출실적을 확보하고자 합니다.

핵심기능: 검색증강, 멀티 LLM, 토큰 최적화, 특정과업서비스, 응용콘텐츠

핵심기능 설명:
- 검색증강: 첨부 문서를 활용하여 생성형 인공지능 답변에 객관성 및 최신성을 유지하고 환각현상을 최소화합니다.
- 멀티 LLM: 초거대 언어모델 3종 이상을 동시에 사용할 수 있게 개발하여 사용자의 기호와 각 언어모델 간 특징을 활용할 수 있게 개발합니다.
- 토큰 최적화: 사용자별 반복질문을 미리 저장한 답변으로 대체하게 함으로써 발생되는 토큰비용을 최소화할 수 있습니다.

- 특정과업서비스: RAG 문서를 고도화 편집하여 특정과업에 최적화되면서 동시에 창작 가능한 데이터 생성이 가능하게 개발됩니다.
- 응용콘텐츠: 초보자도 충분히 이용 가능한 응용콘텐츠를 추가 구축하여 RAG 기능을 고도화할 예정입니다.

## 예시2

과제명: 반려동물 보험관계자(반려동물가족, 동물병원, 보험회사)의 총체적 경험 만족을 위한 언더 오토 언더라이팅(자동심사) 시스템 구축

사업계획서 내용: 반려동물 보험처리 시 발생하는 손해사정과정에서 소비자의 불편사항과 보험회사의 업무를 간소화하기 위한 자동화 시스템

키워드: 반려동물, 보험처리, 손해사정, RPA, 업무자동화, 불편제거, 업무간소화, 부당청구 방지

과제 개요: 본 기술개발은 반려동물 손해사정 시 발생하는 불편사항들을 개선하여, 반려동물 보험 시스템의 간편화를 위한 오토언더라이팅 서비스로, 이해관계자 모두의 서비스 경험(총체적경험)을 개선하기 위한 개발서비스입니다. 특히 동물보험 작업에서 발생하는 수작업 분야를 정량화, 자동화함으로써 청구서비스의 불편사항 제거, 시간 단축, 신뢰성 구축을 통하여 종국에는 반려동물 보험진행상 모든 이해관계자의 편익 증진을 위한 서비스 개발입니다. 더불어, 동물보험 확인을 위해 객체 인식 과정에서 각 보험사는 EXCEL 등을 이용한 수작업 방법을 선호하는데, 본 개발시스템은 정부정책방향인 '동물등록제' 등록된 반려동물을 대상으로 하여 이해관계자 모두의 편익제공과 동시 도덕적해이로 인한 부당청구를 완화하기 위한 기술개발입니다.

핵심기능: 오토언더라이팅, OCR, 진료내역표준화, 클라이언트개발

핵심기능 설명:
- 오토언더라이팅: 표준화된 진료내역서를 기준으로 보험상품을별 자동으로 심사청구가 진행되어 기존 수작업의 자동화로 업무가 간편해집니다.
- OCR: EMR에서 발행한 진료내역서 내용 PDF, JPG 변환 해석하는 기능입니다.
- 진료내역표준화: 다양한 EMR 시스템에서 제공되는 진료내역서를 표준화하여 통일된 포맷으로 변환 및 데이터 처리를 함으로써 일반 사용자는 진료내역 이미지만 올리면 모든 업무가 끝나는 매우 간단한 시스템 입니다.
- 클라이언트개발: 클라우드 환경을 통한, 시스템 안정성 및 확장성을 확보하고자 합니다.

### 작성 요청 내용
과제명: 작성한 과제명을 넣습니다.

사업계획서 내용: 기작성하신 사업계획서 내용을 간단하게 넣습니다.

키워드: 도출한 키워드를 넣습니다.

과제 개요: 도출한 과제 개요를 넣습니다.

핵심기능: 생각하시는 핵심기능을 넣습니다.

#핵심기능 설명 작성해 줘

# 4.
# 사업 기획하기
# ④ 경쟁사 분석하기, 경쟁사와의 차별성

경쟁사 분석은 반드시 해야 합니다. '우리는 경쟁사가 없는데?'라고 생각을 하시면 해당 시장에서 유일하게 귀사만 존재하는 것입니다. 보통 그런 기업을 우리는 혁신기업이라 하는데, 그런 혁신기업은 스스로 극복하고 스스로 개척하시는 것을 추천드리며, 딱히 자문이 필요 없는 기업이 해당됩니다. 이 책은 그리고 제가 제안드리는 방법은 빌 게이츠, 스티브 잡스와 같은 혁신기업을 대상으로 하는 것이 아닌 일반 기업을 대상으로 합니다. 그래서 반드시 경쟁사가 있어야 합니다.

## 경쟁사를 알고 있는 경우

경쟁사의 특징 및 장점 그리고 판매 가격, 유통 구조를 명확하게 이해하셔야 합니다.

해당 분야에서 종사하시다 창업하신 경우, 위 내용이 금방 생각나실 것입니다. 그 생각을 이제 아래 예시를 보고 구조화하면 됩니다.

|  | 경쟁사1 | 경쟁사2 | 경쟁사3 | 경쟁사4 | 경쟁사5 |
|---|---|---|---|---|---|
| 기업 이름 |  |  |  |  |  |
| 주요 서비스 |  |  |  |  |  |
| 주 고객 |  |  |  |  |  |
| 판매 금액 |  |  |  |  |  |

(빈칸에 사전에 조사하신 내용을 대입하면 됩니다.)

위 양식을 그대로 사용하십시오. 다른 아이디어가 있으실 수도 있지만, 그냥 위에 테이블을 그대로 사용하시는 것을 추천드립니다. 만약 면밀하게 경쟁사 조사가 되셨다면 당연하게도 항목을 늘려서 사용하시면 됩니다. 경쟁사 분석에 꼭 위 양식일 필요는 없지만, 경쟁사 분석에서 주로 사용하는 것들을 넣어 둔 것입니다.

그리고 유통 구조를 잘 알고 계시면 유통구조도 추가하면 됩니다. 그리고 부연 설명을 추가하면 아래 양식과 같이 됩니다.

|  | 경쟁사1 | 경쟁사2 | 경쟁사3 | 경쟁사4 | 경쟁사5 |
|---|---|---|---|---|---|
| 기업이름 |  |  |  |  |  |
| 주요 서비스 |  |  |  |  |  |
| 주 고객 |  |  |  |  |  |
| 판매금액 |  |  |  |  |  |
| 유통구조 | 직접유통 | 대기업전속 | 온라인 | 오프라인 | 온오프라인 |

## 4. 사업 기획하기

**경쟁사1의 특장점**

　○○기업의 특징은, ○○, ○○를 주요 기능(서비스)로 하는 기업으로서 주 고객은 ○○을 중심으로 사업을 확장하고 있습니다. 전체적인 유통구조는 ○○, ○○를 중심으로 하고 있습니다.

　정리하자면 조사하신 내용을 테이블 형태로 요약해서 표현을 하고 각 기업에 대한 특장점에 대해서 설명하는 것입니다. 특장점에 대해서 설명하는 것은 일종에 부연 설명이기에, 조사한 테이블 내용을 그대로 생성형에 넣고 돌려도 좋습니다.

　이제 경쟁사 작성을 어떤 방식으로 하는지 이해되시는지요? 생각보다 쉽습니다.


## 경쟁사를 모르고 있는 경우

　경쟁사를 모르면 안 되는데, 모를 수도 있습니다. 그럼, 제가 경쟁사를 찾는 방법을 설명드리겠습니다.

**(1) 웹 서치를 통한 조사**

　이건 아무나 할 수 있는 쉬운 방법입니다. 그냥 인터넷 검색하시면 됩니다.

### (2) 키프리스(특허검색사이트)를 통한 조사

키프리스에 특허 조사를 하면서 관련특허 등록 기업이 경쟁사입니다. 자세한 내용은 '특허작성법'에서 구체적으로 설명드리겠습니다.

### (3) NTIS에서 검색

NTIS 사이트에는 국내에서 진행된 모든 과제 정보가 다 있습니다. 키워드를 넣고 검색하시어 귀사보다 빠르게 과제를 진행한 기업 정보를 수집하여 경쟁사를 확인하십시오.

## 생성형 인공지능 활용을 위한 준비

경쟁사 정보를 작성하고 나면, 이제 생성형 인공지능에 활용하기 위한 과정이 필요합니다.
- 테이블을 드래그한다.
- 메모장을 실행한다.
- 메모장에 붙여 넣기 한다.
- 이걸 다시 가져와서 편집한다.

아래 테이블을 예시로 보겠습니다.

## (1) 작성한 데이터

|  | 더 펫 허그 | 애니포스 펫 보험 간편 청구 시스템 | 당사 개발 서비스 |
|---|---|---|---|
| 기능 | 카톡으로 심사 청구 진행 | 치료비 영수증의 업로드만으로 보험금을 청구 및 수령 가능 | 병원현장에서 심사진행 소비자 자부담 결제 진행으로 사람 보험과 비슷한 시스템 |
| 특징 | - 카톡데이터 사람에 의한 엑셀화 진행<br>- 자체개발 보험에 한정하여 간편심사 진행 | - 제휴 펫 보험 운영사에 다양한 서비스 제공<br>- 보험금 사정업무에 필요한 정보의 취득, 보험금 청구업무의 포괄적인 업무효율화 서비스 제공 | - 주요질환 수가 기준 자체확립<br>- 반려동물 보험 관련 데이터 확보<br>- OCR 기술 적용<br>- 시스템을 통한 오토 언더라이팅<br>- 보험수가 결정을 위한 알고리즘 |
| 국가/수익 | 국내 기업 보험상품 판매전문 회사로, 판매하는 보험 및 제휴에 의한 보험 청구시 무료 서비스 제공 (소액기준) | 일본 기업 일본 서비스로 국내 실증 필요시 국내법 기준으로 요건변환 필수 사용자 별도 수수료 지불 | 국내 기업 국내 보험사 업무인 언더라이팅을 진행하여 보험사로부터 수익 발생 |

## (2) 메모장에서 붙여 넣기 한 데이터

```
더 펫 허그
애니포스 펫 보험
간편 청구 시스템
당사 개발 서비스
기능
카톡으로 심사 청구 진행
치료비 영수증의 업로드만으로 보험금을 청구 및 수령 가능
```

병원현장에서 심사진행
소비자 자부담 결제 진행으로
사람 보험과 비슷한 시스템
특징
카톡데이터 사람에 의한 엑셀화 진행
자체개발 보험에 한정하여 간편심사 진행
제휴 펫 보험 운영사에 다양한 서비스 제공

보험금 사정업무에 필요한 정보의 취득, 보험금 청구업무의 포괄적인 업무효율화 서비스 제공
- 주요질환 수가 기준 자체확립
- 반려동물 보험 관련 데이터 확보
- OCR 기술 적용
- 시스템을 통한 오토 언더라이팅
- 보험수가 결정을 위한 알고리즘
국가/수익
국내 기업
보험상품 판매전문 회사로, 판매하는 보험 및 제휴에 의한 보험 청구 시 무료 서비스 제공(소액기준)
일본 기업
일본 서비스로 국내 실증 필요시 국내법 기준으로 요건변환 필수
사용자 별도 수수료 지불
국내 기업
국내 보험사 업무인 언더라이팅을 진행하여 보험사로부터 수익 발생

## (3) 편집한 데이터

#경쟁사 정보
##경쟁사 정보는 다음과 같음
|경쟁사|더펫허그|애니포스 펫 보험 간편 청구 시스템|당사 개발 서비스|
|기능|카톡으로 심사 청구 진행|치료비 영수증의 업로드만으로 보험금을 청구 및 수령 가능|병원현장에서 심사진행 소비자 자부담 결제 진행으로 사람 보험과 비슷한 시스템|
|특징|카톡데이터 사람에 의한 엑셀화 진행 자체개발 보험에 한정하여 간편심사 진행|제휴 펫 보험 운영사에 다양한 서비스 제공 보험금 사정 업무에 필요한 정보의 취득, 보험금 청구업무의 포괄적인 업무효율화 서비스 제공|
|- 주요질환 수가 기준 자체확립- 반려동물 보험 관련 데이터 확보- OCR기술 적용
- 시스템을 통한 오토 언더라이팅- 보험수가 결정을 위한 알고리즘 |
|국가/수익|국내 기업보험상품 판매전문 회사로, 판매하는 보험 및 제휴에 의한 보험 청구 시 무료 서비스 제공 (소액기준)|일본 기업일본 서비스로 국내 실증 필요시 국내법 기준으로 요건변환 필수 사용자 별도 수수료 지불|
|국내 기업|국내 보험사 업무인 언더라이팅을 진행하여 보험사로부터 수익 발생|

마크다운 형태를 잘 알고 계신 선생님들은 위 형태가 마크다운 형태의 '테이블'이라는 것을 확인하실 수 있습니다. 마크다운에서 테이블 처리는 ( | | )로 합니다.

이것으로 경쟁사 정보 수집은 마무리된 것입니다.

# 5.
# 정부지원 사업계획서의 구조

정부 R&D는 사업계획서 구조가 있습니다. 그 구조대로만 작성하면 됩니다. 해마다, 사업계획서 양식이 조금씩 변해 가고 있습니다. 작성자의 부담을 덜어 주기 위해서 그리고 평가위원의 부담을 덜어 주기 위해서 그런 것 같습니다. 이런 이유로, 제 책 역시 개정판을 포함해서 3판까지 개정이 되었습니다. 이렇게 양식이 해마다 변하지만 사업계획서의 구조는 크게 변하지 않았습니다. 특히 해마다 나오는 그리고 고객사마다 질문하는 '서류가 15장이 넘어가면 안 되는 건가요?'는 진짜 불필요한 질문입니다. 중소기업진흥원의 경우 40장 정도가 넘어가면 조금 양이 많고 오히려 15장이면 내용이 너무 적습니다. 그리고 산기평 과제를 포함한 대형 과제들은 1,000만 원당 1페이지 생각하시는 게 좋습니다. 정부지원금이 5억이면 사업계획서는 50장 10억이면 100장이 되겠습니다. 저의 경우 이러한 1,000만 원당 1장의 기준 없이 그냥 페이지 늘리는 것에 집중을 합니다. 가끔 100장도 부족한 경우가 있습니다. 그만큼 페이지 수는 중요한 게 아니고 내가 우리 기술을 잘 표현하는 것이 중요합니다.

모든 항목이 중요하지만 가장 중요한 것은 '1. 기술개발'과 '과제 개요'이며 두 번째로 중요한 것이 '7. 연구개발성과의 활용방안 및 기대효과'입니다. 세 번째가 '2. 연구개발방법'이며 네 번째가 '3. 선행연구개발'입니다. 나머지는 구색입니다. 각 항목별 순서대로 상술하면 다음과 같습니다.

### (1) 가장 중요한 요약 ★★★★★

요약은 사업계획서 내용 중 핵심 내용만 추출해서 도식화, 시각화 자료 중심으로 요약하는 것입니다.

| ① 과제 개요 | |
|---|---|
| 과제명 | |
| 개발 목표 | |

# 중소기업 기술개발(R&D) 지원사업 연구개발계획서

## ① 과제 개요

| 과제명 | 다중 검색증강 기술을 활용한 멀티LLM 기반의 경영업무 지원 생성형 ChatBot 구축 및 업무지원을 위한 콘텐츠 제작 | | |
|---|---|---|---|
| 개발 목표 | **특정과업** | **주요 서비스** | |
| | 일반업무지원 | 스타트업 및 중소기업이 경험하게 되는 일반 업무에 대한 지원으로 마케팅, 인사, 노무, 세무에 대한 자문을 포함하여 엑셀을 활용한 내부 문서 작성법, 고객사 및 협력사제공하는 이메일 작성법, 해외진출을 위한 방법 가이드 등 다양한 업무에 대한 자문 지원 서비스 | |
| | 정부사업 안내 지원 | 기업마당, 소상공인진흥공단 등 API를 통해 정보를 수집하고 이를 데이터 화 하여 기업 정보 입력시 맞춤형 서비스 제공 | |
| | 사업계획서 작성지원 | 사업계획서 샘플 및 과학언어 말뭉치, 논문 말뭉치 등을 활용하여 과학기술사업계획서 작성 지원 서비스 제공 | |
| | -특수목적 적합한 데이터 추가 확보<br>-추가확보 데이터 RAG연구진행<br>-해외(일본) 및 국내 결제 모듈 구축<br>-회원관리 모듈 고도화<br>-시스템 프롬프팅 고도화<br>-데이터 간편 업로드 모듈 개발<br>-사업화를 위한 콘텐츠 개발<br>**본 과제 수행 내용** | | |
| 개발 방법 | -특수목적 적합한 데이터 추가 확보<br>-추가확보 데이터 RAG연구진행<br>-해외(일본) 및 국내 결제 모듈 구축<br>-회원관리 모듈 고도화<br>-사업화를 위한 콘텐츠 개발<br>-시스템 프롬프팅 고도화 | | |
| 연구팀 구성 | 성명 / 소속·직위 / 학력·전공 / 과제 수행 시 역할 | | |
| | 석사 기술경영학 | -총괄<br>-주요 라이브러리 코드 작성<br>-스크래퍼 개발<br>-콘텐츠 기획 및 개발<br>-경영지도사, 서비스 경험 디자인 기사 | |
| | 학사, 전기공학 | -공정관리 기술사<br>-데이터 전처리 지원, 클라우드 서버 구축 설계<br>통계분석 지원, 데이터 학습자료로 구축 진행 | |
| | 학사 멀티미디어 | -서비스 디자인 개발<br>-서비스 프로토 설계 및 데이터 연동<br>-콘텐츠 개발 지원 | |

| 기대효과 | 당해연도 | 과제 종료연도 | 종료+1 | 종료+2 | 종료+3 |
|---|---|---|---|---|---|
| | 2024 | 2025 | 2026 | 2027 | 2028 |
| 국내매출 | 20,000 | 20,000 | 30,000 | 50,000 | 100,000 |
| 해외매출 | - | 10,000 | 20,000 | 30,000 | 40,000 |

(사업계획서 원본은 시작하기에 주소를 가르쳐 드렸습니다.)

제가 사용하는 방법은 요약에서 최대한 기술관점 그리고 전문가 관점에서 설명을 하고 그 이후 과제 본문에서 풀어 쓰는 형태를 선호합니다. 정말 과제 기획을 잘하는 다른 제 동료 컨설턴트는 '요약'에서 모든 것을 승부한다고 판단하며 요약을 3~4장으로 작성하는 경우도 있습니다. 이것 역시 좋은 방법이라고 생각합니다만, 저의 경우 요약에서 궁금증을 그리고 본문에서 궁금증의 해소 마지막으로 사업성에서 궁금증이 해소되면 진짜 돈이 될 것 같다는 인상을 심어 주는 형식으로 작성합니다.

### (2) '1. 기술개발목표' 역시 가장 중요한 ★★★★★

```
1. 기술개발 목표
* 최대 1페이지
```

'최대 1페이지'라는 말을 절대 믿지 마십시오. '1. 기술개발목표'에서 대부분의 것이 결정된다고 해도 과언이 아닙니다. 타이틀은 기술개발 목표이지만 실제 작성하는 것은 내가 개발하는 것에 대한 대부분의 것을 작성하게 됩니다. 특히 기술 개요가 들어가게 됩니다.

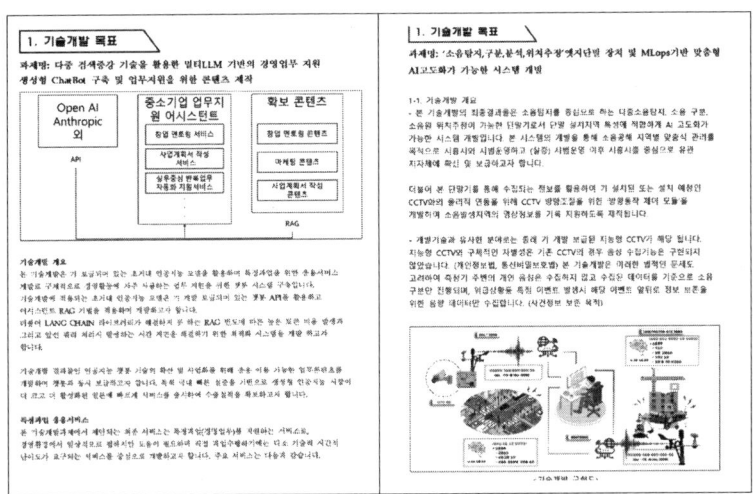

(이미지가 작아 잘 안 보이시면, 제공드리는 사업계획서 샘플을 확인하십시오.)

제공드리는 샘플을 보시면 확인 가능하지만, 왼쪽 서류의 경우 '1. 기술개발목표'가 왼쪽 서류는 5장, 오른쪽 서류의 경우 9장입니다. '1. 기술개발목표'에서 하고자 하는 주장을 모두 하셔야 합니다. 이런 방향으로 작성을 하게 되면, 평가위원은 제일 먼저 과제 제목을 보고 과제에 대해 선입견을 확보하고 다음으로 '요약'에서 과제 내용을 대략 파악을 하고 난 다음 '1. 기술개발목표'에서 과제에 대해 확정적 사고를 하게 됩니다. 그 이후 과정은 본인이 판단한 내용이 바른 판단인지 잘못된 판단인지를 확인하는 과정에 해당됩니다. 이때 만약 긍정적인 판단을 하게 되었다면 후속 단계에서 긍정은 보다 확실한 긍정이 될 수 있으며 부정 판단을 하게 되면 최대한 긍정 판단으로 평가위원의 선입견을 가지고 와야 합니다. 본 책에서는 예시와 함께 이 두 가지 모두 방법론으로 설명드리겠습니다.

### (3) 두 번째로 중요했지만 지금은 세 번째로 중요한 '2. 연구개발방법' ★★★★♪

```
2. 연구개발 방법
* 최대 4페이지
※ R&D 결과의 검증 방법과 계획은 반드시 포함
```

제가 평상시 강조하던 항목에서는 두 번째로 중요한 항목이었습니다. 하지만 이제는 두 번째가 아닌 세 번째 중요한 부분입니다. 제가 3번째로 명명한 이유는 예전에는 기술개발 방법의 구체성과 체계성이 매우 중요했습니다. 주장의 맥락적 설득을 위해 앞선 '1. 기술개발목표'에서 강력하게 기술개발에 대한 당위성과 우수성을 강조하고 그다음, 그 주장에 대한 객관적인 근거를 제시하는 것이 '2. 연구개발방법'입니다. 이 부분은 예전과 지금 동일하게 적용되지만 왜 2순위에서 3순위가 되었냐 하면, 현재 과학기술은 매우 고도화되어 기술적 당위성과 진보성은 기본이고 그러한 당위성과 진보성은 매우 체계적이야 합니다.

2020~2023년까지만 해도 새로운 기술들이 등장하고 특히 AI가 등장하고 IoT기술이 확산되면서 그리고 소부장 기술이 특화·고도화

되면서 기술적 명분만 있으면 해당 기술을 개척하는 방법 즉 '연구개발 방법'이 다소 모호해도 그건 '논쟁'의 대상이지 '당위'의 입장에서는 고민하는 요소가 아니었습니다. '논쟁'의 대상이기 때문에 약간 모호해도 맥락적으로 기술개발 당위성이 입증되면 연구개발 방법론을 가지고 이런 방법 저런 방법 서로 논쟁을 하는 것입니다. 그래서 연구개발 방법이 체계적이어야 하고 맥락적이어야 했습니다. 본 글이 작성되는 2024년에는 이러한 기술적 진보에서 '당위성'이 거의 사라진 상태입니다. 즉 기술적 혁신을 기대하는 시점이 아닌 '응용' 기술이 등장하는 시대로 패러다임이 변화했습니다(양자 컴퓨팅, 자율행동 로봇 등 제외). 특히 서비스 R&D는 더 이상 기술적 진보를 주장하기 어려운 그런 시대입니다. 그렇기에 '2. 연구개발 방법'에서 '논쟁'의 요소가 있다면 그 과제는 '탈락'에 가까워집니다. 즉 원래 잘 작성해야 하는 요소가 된 것입니다. 더불어 중요한 내용이지만 처음 사업계획서를 작성하시는 분들이 주로 실수하시는 내용이 '정량적' 달성 지표와 '정성적' 달성 지표를 생략하고 전산에만 입력을 합니다. 평가위원은 전산과 사업계획서를 동시 보기 어렵습니다. 그래서 본문에 달성 지표가 없으면 상대적으로 불리할 수 있습니다. 그러므로 반드시 달성 지표가 들어가야 합니다. 자세한 것은 작성 방법의 세부 사항에서 상술하겠습니다.

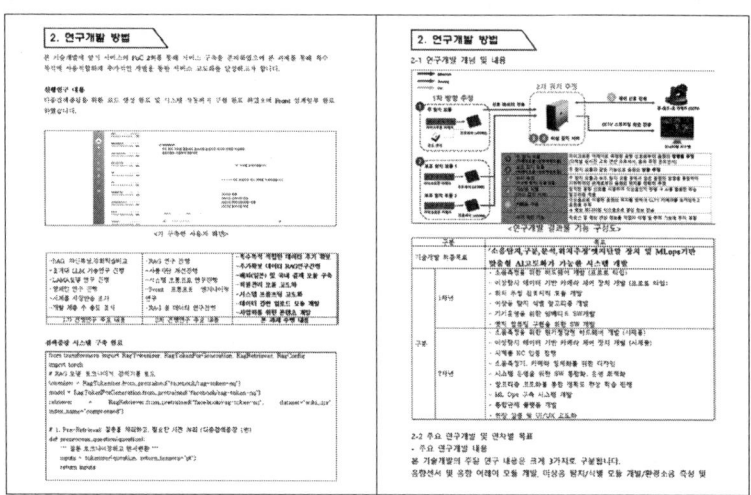

(이미지가 작아 잘 안 보이시면, 제공드리는 사업계획서 샘플을 확인하십시오.)

두 구조를 보시니 약간 공통점이 보이나요? 연구개발 방법에서 시각화로 다시 한번 강조하고 무엇을 개발할지에 대해 서술하는 형태입니다. 자세한 것은 작성 실습에서 상술하겠습니다.

## (4) '3. 선행 연구개발' ★★★★☆

### 3. 선행 연구개발

* 해당 사항 없으면 미기재

(1) 선행 연구개발 이력 * 최대 1페이지

※ 자체 연구개발 실적 및 타 부처 지원 R&D 사업 포함 가능
※ 중기부 R&D 사업은 구분하여 모두 작성하되, 누락 시 지원 제외 또는 선정 취소

선행 연구개발이라고 말하지만, 지금까지 준비한 것에 대해서 '개발가능성'에 대한 확증적 설득을 하는 항목입니다.

과거 '선행 연구개발' 부분은 중복 지원에 대해 책임을 구분하기 위하여 작성하는 항목이었습니다. 하지만, 중복 지원을 피하는 것은 당연한 것이고 신청하는 과제와 관련된 기술개발이 그것도 '정부 과제' 또는 '기업내부과제'라 할지라도 얼마나 진행되었고 그 결과가 무엇이고 또 그 결과를 현재 신청하는 과제에 어떤 식으로 접목시킬 것이고 연구개발 외적인 부분 즉 연구개발을 지원하기 위한 시스템들은 어떤 것을 진행했고 준비되었는지를 설명하는 항목입니다. 연구개발을 지원하기 위한 것들로는 예를 들어 반드시 들어가야 하는 특허 분석, 경쟁사 분석 그리고 각종 인증 등이 해당됩니다.

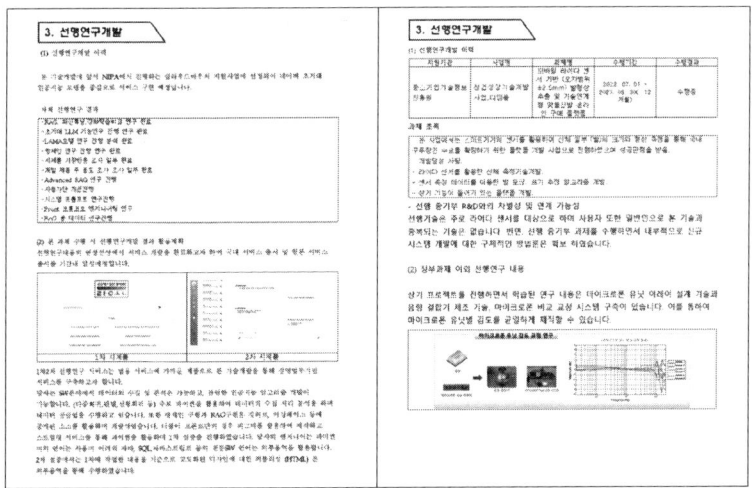

### (5) '4. 연구개발역량' ★★★☆☆

> **4. 연구개발역량**
> (1) 연구팀 구성 계획 및 역량  * 최대 2페이지

연구개발역량 항목의 주요 목적은 '연구원들이 몇 명인가?'를 확인하기 위한 부분입니다.

연구개발 역량에는 주로 총괄책임자의 연구역량 그리고 기업의 연구역량에 대해서 서술하는 영역입니다. 초기 창업기업 구체적으로 '디딤돌' 과제의 경우 크게 연구개발 역량에 대해서 작성할 내용이 없습니다. 반면, 디딤돌 과제를 제외하고는 연구자의 충분한 연구개발 역량에 대해서 작성해야 합니다. 이때 총괄책임자가 크게 연구한 내용이 없다고 판단하여 매우 간단하게 작성하는 경우도 있지만, 이 부분은 지금의 기업이 아니더라도 그러니까 직전기업에서의 실적이라도 또는 내부 기획과제 경험이라도 충분히 설명해야 합니다.

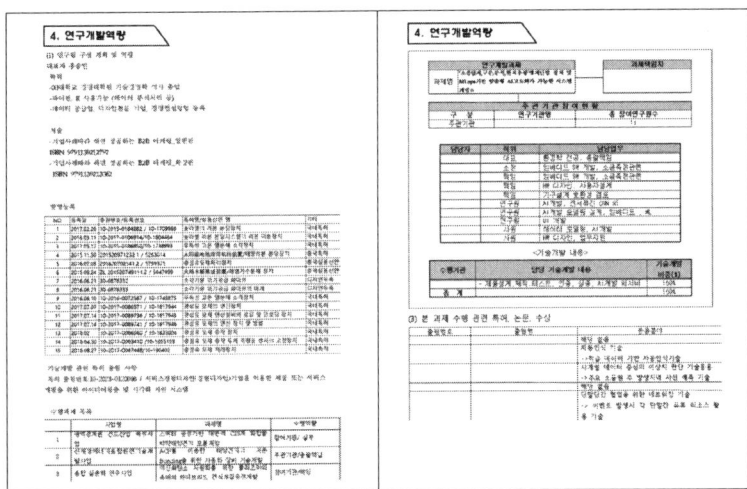

(좌측 디딤돌과제, 우측 시장형 과제)

## (6) '5. 기술개발일정' ★★☆☆☆

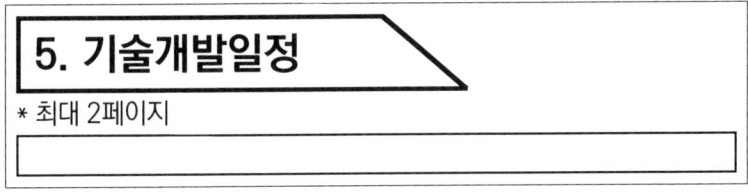

기술개발 일정 부분 작성은 차트 형식으로 작성하시되, 일종에 정형화된 양식이 있다고 해도 과언이 아닙니다. 예시를 확인하시고, 기계적으로 작성하시는 부분이라 하겠습니다.

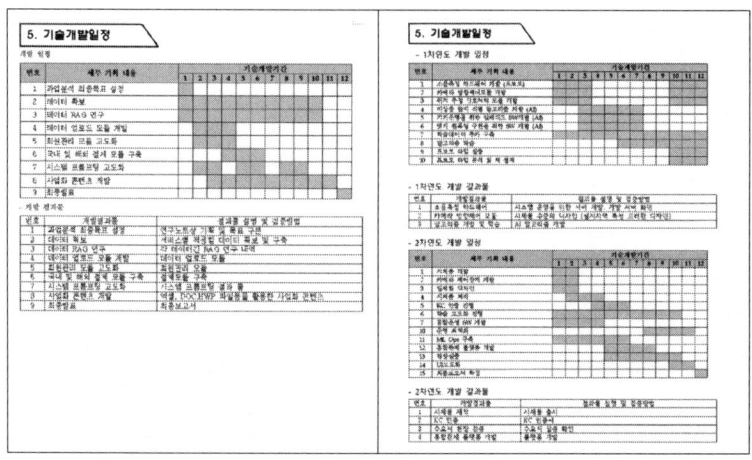

## (7) '연구비 사용계획 등' ★★★☆☆

### 6. 연구비 사용계획 등

* 최대 2페이지

※ 정부지원금과 대응 자금(민간부담금)을 구분하되, 개괄적으로 작성

※ '2. 연구비 조달·유지계획'은 연구개발기관(주관, 공동, 위탁)이 재무 건전성(부채비율, 자본전액잠식 등) 완화 대상의 경우 작성

　　연구비 사용계획은 작성의 중요성보다 숫자 계산이 더 어려운 부분입니다. 작성의 지원을 위한 '엑셀' 파일을 출판사 자료실과 제 개인 블로그에서 다운 가능합니다.

## (8) '7. 연구개발성과의 활용방안 및 기대효과' ★★★★★

### 7. 연구개발성과의 활용방안 및 기대효과
* 최대 1페이지
(1) 구체적인 사업화 목표

두 번째로 중요한 연구개발 성과 부분입니다.

매우 구체적인 사업화 전략이 필요하며 수익모델에 대해서 명확하게 제시를 해야 합니다.

연구개발 성과를 작성함에 있어 실제 이것을 평가하는 평가위원들은 마케팅 전략이나 시장에서 실제 적용되는 다양한 전략에 대해서 이해를 못 합니다. 아쉽게도 이해를 못 합니다 그렇기에 연구개발 성과 작성 시에는 어디서가 들어 본 듯한 내용을 매우 구체적인 방법론으로 제시를 해야 합니다. 즉 평가위원들이 이해를 하고 수긍을 하는 것이 중요하지 실제 활용할 방법을 작성하시는 것이 아닙니다.

# 6.
# RAG 문서 준비

## RAG 서류 만들기

RAG 서류 만들기라 하면 참조할 서류 만들기를 말씀드립니다.
검색증강을 위한 서류이므로 작성하시고자 하는 내용과 일치하는 내용으로 작성을 해야 합니다.

RAG 서류 준비에 앞서 본 책의 예시에 적용된 사업계획서는 제가 작성한 서류 200여 개 사업계획서를 참조하여 완성하였습니다. 사업계획서는 지속적으로 확장할 예정입니다.

여기에 활용된 사업계획서 물량 자체가 많다 보니(일반 제조부터 산업기계, 화학분야, 인공지능 등) 매우 다양한 분야가 들어가 있어서 AI:DRIVE를 이용하시는 것을 추천드립니다. 또는 독자분들께서 따로 준비한 관련 서류를 사용하여도 되고 준비하신 서류와 AI:DRIVE에서 제공되는 서류를 동시에 사용하셔도 좋습니다.

## (1) 관련한 내용으로 준비하기

　너무 당연한 이야기입니다. 작성하시고자 하는 사업과 관련한 내용을 준비하셔야 합니다. 어디선가 참조하시는 정말 잘 쓰인 사업계획서, 하지만 관련된 내용이 아닌 사업계획서를 준비하지 마십시오. 우리 사업과 내용이 다르지만 정말 잘 작성된 사업계획서는 사용하지 못합니다. 이유는 맥락적 참조가 아니라 단순 참조입니다. 단순 참조해서 그것을 맥락적으로 생성하는 RAG 기능 자체가 그렇습니다.

　반면, 'AI:DRIVE' 서비스가 아닌 다른 범용 서비스를 이용하여 준비하시는 경우 해당 서비스가 의도하신 대로 검색증강을 안 할 수도 있습니다. 하지만 서비스 특성상 참조한 것처럼 말을 할 수도 있습니다. 참조를 했는지 안 했는지는 서비스마다 상이하여 참조를 했는지 안 했는지를 제가 말씀드리기는 어렵습니다. 반면, 본 책에 적용된 프롬프팅은 제가 다면 검토를 한 프롬프팅이므로 범용 서비스에도 사용 가능합니다.

　이때 준비하신 검색증강 서류가 만약 실제 작성할 사업계획서와 다른 내용일 경우 예를 들어 '플랫폼' 서비스를 준비하시는 데 'IoT 관련 사업계획서'를 참조하게 되면 생성형이 답변을 생성할 때 전혀 이상한 답변을 생성하게 됩니다. 또는 GPT4o 수준에서는 참조 자체를 안 합니다.

　반면, 유사한 내용으로 준비를 하시면 매우 성실하게 참조를 한다는 부분을 말씀드립니다.

이 부분은 서비스의 특징에 따라 구분되기도 구분되지 않기도 합니다.

## (2) 청킹을 염두에 두고 문장 나누기 장표 나누기

준비하시는 문서는 당연하게도 벡터화되어 임베딩이 됩니다. 이때 청킹이라는 것이 적용되는데 '3. 양질의 데이터'에서 구체적인 내용을 참조하시면 좋겠습니다.

청킹이 적용되다 보니 문장을 반드시 구분되어야 하고 단락이 구분되어야 합니다. 그리고 청킹 시 청킹이 모호해지는 이미지나 또는 도식은 전부 제거하시는 것을 추천드립니다.

## (3) 마크다운 형태

마크다운 형태로 문서를 편집하십시오. 마크다운 형태가 아니라도 검색을 하는데 크게 문제는 없지만, 마크다운 형태의 문서와 일반 문서는 검색하여 참조하는 수준이 다릅니다. 생성형이 최대한 의도한 바가 적용되기 위해서는 마크다운 형태로 작성하시는 것을 추천드립니다.

## (4) 시장 정보 자료 준비하기

PDF 형태로 된 시장 정보 자료를 준비하시는 것이 좋습니다.

이때 주의하셔야 할 것은 시장 정보 PDF 자료들을 보다 보면, IMG 파일을 캡처해서 작성된 PDF 문서들이 제법 많습니다. 이런 서류는 임베딩이 어렵습니다. 이미지 리더를 적용하면 RAG로 사용 가능하기는 하나 가끔 의도하지 않은 상태로 임베딩이 되어 이상한 결과를 제시하기도 합니다.

### 경쟁 기술 준비하기

개발하시는 기술에 대한 경쟁 기술에 대해서 준비하는 것을 권장드립니다.

최초 기술이라는 건 존재하지 않습니다. 경쟁 기술이라 하면 해당 산업분야의 선도기업의 기술이 될 수 있고 또는 바로 후속기업에 대한 기술일 수 있습니다. 만약 진짜 없다고 하면 유사한 기술이라도 찾아야 합니다. 경쟁 기술을 찾으셨으면 해당 문서를 PDF로 준비하시고 문서 서두에 '경쟁 기술'이라고 마크다운 형태로 넣습니다.

### 경쟁기업 준비하기

경쟁기업 역시 준비하는 것을 권장합니다. 경쟁 기술과 마찬가지로, 해당 기업의 내용을 문서로 준비하시고 PDF화합니다. '경쟁기업'이라 표기하는 것이 필요합니다.

## RAG 서류 준비의 기준

1. 관련한 내용으로 준비
2. 마크다운 형태로 편집

3. PDF 파일 내용 확인

이렇게만 준비하시면 크게 문제없습니다. 마크다운 형태로 편집이 되어 있으면 더 좋다는 것이지 '반드시'는 아닙니다.

# 7. 프롬프팅 작성의 기본 원리

## 프롬프팅 작성의 기본 원리

저를 포함해서 많은 사람들이 프롬프팅 방법에 대해서 서로가 대단하다 이야기를 합니다.

이 이야기는 1/3은 맞고 2/3은 틀린 이야기입니다. 저 역시 이 부분에서는 자유롭지 않습니다.

왜냐하면 생성형 인공지능 기술이 발달하면서 프롬프팅 방법도 동시에 발달하고 있습니다. 그래서 현재의 주장이 언제든 틀릴 수도 있습니다. 하지만, 멀티트랜스포머 모델 즉 생성형 인공지능이 학습하는 기본 개념에서 크게 벗어나지 않는 하나의 규칙은 몇 가지 있습니다.

가장 중요한 사실은, 생성형 인공지능은 멀티턴 대화 이른바 연속 대화가 원래 불가능합니다.

다만 우리가 사용하다 보면 연속대화가 되는 것을 알 수 있는데 이것은 생성형 인공지능이 제공하는 기술이 아니라 응용프로세스에서 제공하는 기술입니다. 다시 말씀드리면 생성형 인공지능 기술을 기준으로는 모든 대화가 서로 독립입니다. 하지만 Open AI를 포함하여 연속대화가 되는 이유는 두 번째 대화 세 번째 대화 시 앞선 대화 내용들을 응용시스템상 한 번에 모아서 질문을 하기 때문입니다. 즉 대화가 계속되면 당연히 토큰 비용도 더 발생이 되고 당연히 속도가 느려지게 되는 것입니다. 생성형 API를 이용하는 'AI:DRIVE' 서비스에서는 바로 직전대화만 추가해서 답변하게 만들어 두었습니다. 반면 사용자들의 불편을 해결하기 위한 방법으로 제가 경험한 프롬프팅 노하우를 몇 가지 적용하여 사용자가 매우 쉽게 사용할 수 있게 준비하였고 그 예시는 아래와 같습니다(물론 AI:DRIVE가 아닌 다른 서비스를 사용해도 AI:DRIVE와 유사하게 답변을 합니다. 다만 'AI:DRIVE'는 제가 직접 작성한 사업계획서 200여 개 이상이 RAG로 구현되는 것으로 홍승민이 작성한 데이터를 이용한다고 생각하시는 것이 바람직한 생각이자 바람직한 저의 주장입니다.

추가로 하나 더 드리는 말씀은, 프롬프팅은 총 3가지입니다. 시스템 프롬프팅, 유저 프롬프팅, 콘텐츠 프롬프팅 3가지이며 이 중에서 사용자들은 유저 프롬프팅과 콘텐츠 프롬프팅을 사용하게 됩니다.

시스템 프롬프팅은 개발자들이 만드는 영역입니다. 그래서 예시를 생략하겠습니다. 유저 프롬프팅과 콘텐츠 프롬프팅은 구분하기 모호한 부분이 있습니다.

유저 프롬프팅은 시스템과 상호 작용하는 규칙입니다. 예를 들어 다음과 같습니다.

> 1. 예시 1:
> 유저: "오늘의 날씨는 어때요?"
> 시스템: "맑은 날씨예요. 나들이하기 좋은 하루겠네요."
>
> 2. 예시 2:
> 유저: "오늘 일정 확인 좀 부탁해요."
> 시스템: "네, 일정을 확인하겠습니다. 아침에 회의가 있고, 오후에는 클라이언트와 미팅 예정이에요."
>
> 3. 예시 3:
> 유저: "최근에 어떤 영화가 인기 있나요?"
> 시스템: "요즘에는 〈모범시민〉이라는 영화가 인기 있어요. 한번 보시는 건 어떨까요?"

위와 같이 형식을 가르쳐 주는 형식이 유저 프롬프팅입니다.

콘텐츠 프롬프팅은 생성형 인공지능이 특정 주제에 대해서 창작하거나 글을 생성하도록 지시하는 영역입니다.

> **\*\*콘텐츠 프롬프팅 (Content Prompting)\*\***:
> - **\*\*정의\*\***: AI에게 특정 주제나 아이디어에 대해 글을 쓰거나 창작물을 생성하도록 지시하는 형태의 입력입니다.
> - **\*\*목적\*\***: 창의적인 콘텐츠를 생성하거나 특정 주제에 대한 텍스트를 생성하기 위해 사용됩니다.
> - **\*\*예시\*\***: "고양이에 관한 짧은 이야기를 써 주세요.", "AI 기술에 대한 기사 초안을 작성해 주세요."

위의 예시가 콘텐츠 프롬프팅입니다.

즉 유저 프롬프팅과 콘텐츠 프롬프팅은 동시에 또는 개별적으로 사용하며 하나의 쿼리(질문)에 따로 또는 동시 사용 가능합니다.

다음은 주로 사용하는 프롬프팅 방법으로 유저 프롬프팅과 콘텐츠 프롬프팅이 동시 적용된 예시입니다.

## (1) 논리적 구조

모든 프롬프팅은 논리적으로 일관된 주장을 해야 합니다. 하나의 프롬프트에서 내가 원하는 답변을 얻기까지 모든 내용이 일관된 주장이어야 합니다. 아래 예시는 육하원칙을 기준으로 먼저 보여 드리고 그다음 사업계획서 작성 관점에서 보여 드리겠습니다.

> 누가, 언제, 어디서, 무엇을, 왜, 어떻게

육하원칙에 대한 작성법을 본 책에서 이야기하는 것은 다소 무리가 있습니다. 이유는 너무 쉽다고 해야 할지 아니면 너무 어렵다고 해야 할지 이 책에서 판단하기에는 너무 부족한 지면이어서 육하원칙에 대해서 설명하는 것이 많이 부담스럽습니다. 그렇기에 육하원칙 작성법에 대해서 이야기하기보다, 생성형에서 적용하기 용이한 일종에 규칙성을 찾아서 설명드리겠습니다.

누가/무엇을: 이렇게 두 가지는 행위의 주체와 행동에 대한 것입니다.
예시: '홍승민이 글을 씁니다.'
왜/어떻게: 이렇게 두 가지는 하는 이유 즉 명분과 방법론에 대한 것입니다.
예시: '생성형 인공지능 활성화를 위해 직접 작성합니다.'
언제/어디서: 이렇게 두 가지는 시간적, 물리적 설명을 통해 앞선 4가지의 이해를 돕기 위한 부사적인 것입니다.
예시: '주로 오후 시간에 회사 사무실에서'

이렇게 3문장을 하나로 연결하면
'홍승민은 생성형 인공지능 활성화를 위해 주로 오후 시간 회사 사무실에서 직접 글을 씁니다.'

이렇게 육하원칙에 의해 글을 작성하면, 구조적 형식 그리고 맥락

제공, 일관된 주장이 가능하게 됩니다. 이를 기본으로 하는 것이 이른 바 '프롬프팅 기법'입니다.

이 방법은 일반적인 질문을 할 때 적용하는 프롬프팅 기법입니다.

사업계획서 작성 시에는 과제의 목표, 과제의 핵심 키워드, 과제명 특히 과제 개요 그리고 과제의 특장점이 잘 표현되는 그런 구체적인 프롬프팅을 논리적으로 작성해야 합니다. 구체적인 예시는 실제 사례를 기준으로 사업 기획하기 챕터에서 예시를 보면서 설명하겠습니다.

## (2) 자세한 설명과 예시를 통한 설명

퓨샷 방법이 가장 일반적이고 가장 범용적이며 이것으로 시작해서 이것으로 끝난다고 해도 과언이 아닙니다. 퓨샷 방법은 두 개 이상 예시를 들어서 명령하는 것이 퓨샷 방법입니다.

특히 단독으로 생성되는 문장을 만들기 위해서는 방법이 최고입니다. 퓨샷 방법의 예시는 다음과 같습니다.

> 문장:
> 다음 영어 문장을 한국어로 번역해 주세요.
>
> 예시 1:
> 입력: The cat is on the roof.
> 출력: 고양이가 지붕 위에 있다.
>
> 예시 2:
> 입력: I like to play soccer.
> 출력: 나는 축구를 좋아한다.
>
> 예시 3:
> 입력: She is reading a book.
> 출력: 그녀는 책을 읽고 있다.
>
> 번역할 문장:
> 입력: He is going to the store.
> 출력: 그가 가게에 가고 있다.

위 예시를 기준으로 하면 출력되는 값은 아마도 '그는 상점에 가고 있습니다'라고 한글로 해석할 것입니다.

이렇게 예시를 들어서 설명해 주는 것이 퓨샷 방법입니다.

# (3) CoT(Chain of Thought)

생각의 연쇄 반응입니다.

> ### 작업: 다음 수학 문제를 단계별로 해결하세요.
>
> #### 예시 1
> **입력:** 바구니가 6개 있고, 각 바구니에는 배가 5개 들어 있습니다. 총 배는 몇 개입니까?
> **단계별 해결:**
> 1. 바구니가 6개 있다.
> 2. 각 바구니에는 배가 5개 들어 있다.
> 3. 따라서 총 배의 개수는 6 * 5이다.
> **출력:** 30
>
> #### 예시 2
> **입력:** 초콜릿 상자가 4개 있고, 각 상자에는 초콜릿이 8개 들어 있습니다. 총 초콜릿은 몇 개입니까?
> **단계별 해결:**
> 1. 초콜릿 상자가 4개 있다.
> 2. 각 상자에는 초콜릿이 8개 들어 있다.
> 3. 따라서 총 초콜릿의 개수는 4 * 8이다.
> **출력:** 32

> ### 다음 문제를 단계별로 해결하세요
> **입력:** 학생이 18명 있고, 각 학생에게 연필 2개가 필요합니다. 총 몇 개의 연필이 필요합니까?
> **단계별 해결:**
> 1. 학생이 18명 있다.
> 2. 각 학생에게 연필이 2개 필요하다.
> 3. 따라서 총 필요한 연필의 개수는 18 * 2이다.
> **출력:** 36

　예시를 들어서 설명을 해 주는데 각 예시마다 전부 계산하는 방법을 가르쳐 주고 있습니다. 예시에서 설명되듯 CoT 방법은 주로 숫자 계산을 중심으로 합니다. 이 숫자 계산 방법에서는 현재의 생성형 인공지능이 수시로 거짓말을 하고 있어 수학 계산에는 CoT 방법이 가장 효과적입니다. 하지만 복잡한 함수식에 CoT 방법을 적용하기 위해서는 좀 더 많은 고생이 필요해서 저는 생성형에 수학 계산을 시키지는 않습니다. 그리고 하나 더 말씀드리면 CoT 방법을 설명하면서 문서 양식을 보시면 제가 마크다운 형태와 비슷하게 했습니다. 즉 마크다운+CoT+Few Shot 다 적용한 것입니다.

## (4) 역할 지정

> ### 역할: 호텔 프런트 데스크 직원
>
> **역할:** 당신은 호텔 프런트 데스크에서 일하는 직원입니다. 고객의 문제를 해결하고, 필요한 경우 객실 변경 절차를 안내합니다.

> #### 고객의 질문:
> "안녕하세요, 어제 체크인한 객실에 문제가 있어 다른 객실로 변경하고 싶습니다. 절차가 어떻게 되나요?"
>
> ### 프런트 데스크 직원의 응답:
> 고객님, 안녕하세요. 불편을 끼쳐 드려 죄송합니다. 객실 변경을 요청하시려면 다음 절차를 따라 주시면 됩니다:
>
> 1. **객실 변경 요청:** 프런트 데스크로 오셔서 객실 변경 요청서를 작성해 주세요. 현재 객실 번호와 문제가 발생한 부분에 대해 알려 주시면 처리가 더 빨라집니다.
> 2. **새 객실 배정:** 요청서가 접수되면, 가능한 객실을 확인 후 새 객실을 배정해 드리겠습니다. 새 객실의 키와 안내 사항을 전달해 드리겠습니다.
> 3. **이동 완료 확인:** 새 객실로 이동하신 후, 문제가 없는지 확인 전화를 드리겠습니다. 필요한 사항이 있으면 언제든지 말씀해 주세요.
>
> 추가로 도움이 필요하시거나 문의 사항이 있으시면 언제든지 프런트 데스크로 연락해 주세요. 감사합니다.

마크다운+역할 지정 예시입니다.

역할 지정을 통해 어떤 방법으로 응답을 하라고 하는지에 대한 예시를 보여 드렸습니다. 위 예시는 매우 구체적인 예시 방법이지만, 단순하게 역할만 지정해 주어도 우수한 결과를 만들 수 있습니다.

## (5) 수정하기, 협박하기, 보상하기

생성된 문장이 마음에 안들 때 수정해 달라고 할 수 있습니다. 수정해 달라는 문장을 구체적으로 예시를 들어 수정해 달라고 하고 수정하고자 하는 방향성에서도 예시를 들어 설명을 하면 됩니다. 하지만 그럴 경우 토큰이 많이 소비되므로 제가 추천드리는 방법은 너무 동떨어진 것이 아니라면 수정하기를 추천하지 않으며 수정을 하게 된다면 매우 구체적으로 지시를 해야 토큰소비도 적고 명확한 답변을 해 줍니다. 바로 위에 예시를 든 '역할 지정' 프롬프트 예시를 기준으로 수정하기, 협박하기, 보상하기를 보여 드리겠습니다.

### 수정하기1

Input: 위 예시에서 전체적으로 수정해 줘

고객님, 안녕하세요. 체크인하신 객실에 불편이 있으셔서 죄송합니다. 다른 객실로 변경하는 절차를 안내해 드리겠습니다:

1. **객실 변경 요청서 작성:** 프런트 데스크에 오셔서 객실 변경 요청서를 작성해 주세요. 현재 객실 번호와 발생한 문제를 자세히 설명해 주시면 보다 신속히 처리할 수 있습니다.
2. **새 객실 배정:** 요청서가 접수되면, 가능한 새 객실을 확인하여 안내해 드리겠습니다. 새 객실의 키와 함께 객실 정보를 제공해 드리겠습니다.
3. **이동 확인 및 추가 지원:** 새 객실로 이동하신 후 불편 사항이 없는지 전화로 확인해 드리겠습니다. 추가로 필요하신 사항이 있으시면 언제든지 말씀해 주세요.

> 추가 문의 사항이 있으시면 언제든지 프런트 데스크로 연락해 주세요.
> 감사합니다.

service base by AI: DRIVE with HBC data 27w, 2024 1turn

　전체를 수정해 달라고 했고 전체 내용이 변경되었습니다. 이러한 것을 원한 것이 아니었을 것이라 생각하고 부분 수정 예시를 들어 보겠습니다.

### 수정하기2

> Input: 내용은 객실 불편에 따른 변경이야 이것을 취소로 바꿔 줘.
> Output:
> 고객님, 안녕하세요. 체크인하신 객실에 불편이 있으셔서 죄송합니다. 예약 취소 절차를 안내해 드리겠습니다:
>
> 1. **프런트 데스크 방문:** 프런트 데스크에 오셔서 예약 취소를 요청해 주세요. 현재 객실 번호와 발생한 문제를 자세히 설명해 주시면 보다 신속히 처리할 수 있습니다.
> 2. **취소 처리:** 요청이 접수되면, 예약 취소 절차를 진행해 드리겠습니다. 필요한 경우 환불 절차도 함께 안내해 드리겠습니다.
> 3. **확인 및 추가 지원:** 취소 완료 후 문자나 이메일로 확인 메일을 보내 드리겠습니다. 추가로 필요하신 사항이 있으시면 언제든지 말씀해 주세요.
>
> 추가 문의 사항이 있으시면 언제든지 프런트 데스크로 연락해 주세요.
> 감사합니다.

다른 부가적인 문장 생성이 아닌 특정 문장만 수정해서 생성을 했습니다.

나머지 내용은 크게 차이가 없는지 생성을 하지 않았습니다.

협박방법과 보상방법은 다소 이상한 방법일 수도 있지만, 실제 사용하는 방법입니다.

---

Input:
예시가 너무 형편없어.
사용자들이 이해하기 어려워, 똑바로 해 줘. 다시 이상하게 하면 너를 괴롭힐 거야.

Output:
고객님, 안녕하세요. 객실에 불편함을 느끼셔서 죄송합니다. 예약 취소 절차는 다음과 같습니다:

1. **프런트 데스크 방문:** 프런트 데스크에 오셔서 예약 취소를 요청해 주세요. 객실 번호와 문제가 무엇인지 알려 주시면, 신속하게 도와드리겠습니다.
2. **취소 처리:** 요청이 접수되면, 바로 예약 취소를 처리해 드립니다. 환불이 필요한 경우 그 절차도 안내해 드릴게요.
3. **확인:** 취소가 완료되면 문자나 이메일로 확인 메시지를 보내 드립니다. 추가 문의가 있으시면 언제든지 말씀해 주세요.

도움이 필요하시면 프런트 데스크로 오시거나 전화로 연락주시면 바로 지원해 드리겠습니다. 감사합니다.

내용은 같지만, 다른 의미의 결과물이 나왔습니다. 다음으로는 보상에 대한 방법입니다.

---

Input: 정확하게 다시 해 줘, 정확하게 해 주면 내가 보상으로 1,000달러를 줄게
Output:
고객님, 안녕하세요. 예약 취소 절차를 다시 한번 정확하게 안내드리겠습니다.

1. **프런트 데스크 방문:** 프런트 데스크로 오셔서 예약 취소를 요청해 주세요. 고객님의 객실 번호와 문제 사항을 명확히 말씀해 주시면 빠르게 도움을 드리겠습니다.

2. **취소 처리:** 프런트 데스크 직원이 정보 확인 후 예약 취소 절차를 진행해 드리겠습니다. 환불이 필요한 경우, 환불 절차도 함께 안내해 드리겠습니다.

3. **확인:** 예약 취소가 완료되면, 고객님의 연락처로 문자나 이메일을 통해 취소 완료 메시지를 발송해 드립니다. 추가적인 문의 사항이 있으시면 언제든지 프런트 데스크로 연락주시거나 방문해 주세요.

도움이 필요하시면 언제든지 말씀해 주세요. 감사합니다.

---

수정하기 협박하기 부상하기 예시를 들었습니다. 서로 약간씩 어조가 다른 것이 보이나요? 물론 이러한 어조의 미미한 차이가 어떤 의

미가 있는지 해석하기 어려우실 수도 있습니다. 하지만, 이러한 예시를 시작으로 다양하게 활용하는 방법을 다른 챕터에서 직접 확인하게 되실 것입니다.

## (6) 마크다운 형태

### Task: Translate English sentences to Korean

#### Example 1
**Input: ** The cat is on the roof.
**Output: ** 고양이가 지붕 위에 있다.

#### Example 2
**Input: ** I like to play soccer.
**Output: ** 나는 축구를 좋아한다.

#### Example 3
**Input: ** She is reading a book.
**Output: ** 그녀는 책을 읽고 있다.

### Translate the following sentence
**Input: ** He is going to the store.

위 예시를 기준으로 하면 출력되는 값은 아마도 '그는 상점에 가고 있습니다'라고 한글로 해석할 것입니다.

퓨샷 방법과 거의 유사하다 생각이 들지는 않나요? 하지만 차이가 있습니다. 바로 예시 앞에 ### 이렇게 넣었고 input, ouput에는 ** 이 있습니다. 즉 마크다운 형태로 퓨샷 방법을 사용한 것입니다. 마크다운 방법이 특별한 게 아닙니다. 이렇게 규칙성을 부여하는 것도 마크다운 방법입니다.

## 바람직한 프롬프트 사용법

바람직한 프롬프트 사용법은 무엇이 있을까요? 사실 바람직하다 또는 바람직하지 않다로 구분하기는 모호합니다. 최대한 토큰을 사용 안 하고 최대한 내가 원하는 답변을 하게 만드는 것이 바람직한 방법이라 생각합니다. 이제 다음 챕터부터 본격적인 사용 실 예시가 나올 것입니다. 이때 위에 언급한 프롬프팅 기법들을 어떤 식으로 활용하게 되는지 자세히 보면서 확인하겠습니다. 제가 주로 사용하는 방법으로는 프롬프팅을 시작하기 전에 단계별 명령을 내리고 진행하는 것을 매우 선호합니다. 위 기법들을 몇 가지 섞어서 '마크다운 형태의 자세한 설명'으로 프롬프팅을 구성합니다.

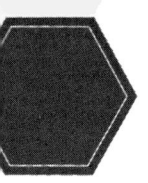

# 8.
# 공통 프롬프팅

## 공통 프롬프팅

앞서서 충분히 연습이 되었으므로 이번에는 사업계획서 작성에 사용하게 되는 공통적인 프롬프팅을 결정하겠습니다. 공통 프롬프팅이므로 사업계획서 작성 전반에 걸쳐 공통적으로 적용하는 프롬프팅입니다. 제가 말씀드리는 '공통 프롬프팅'은 일종에 유저 프롬프팅, 즉 시스템과 상호 작용하는 예시와 비슷한 것입니다. 하지만 꼭 유저 프롬프팅이라 명명하기 곤란한 구석이 있어 모호하게 말씀을 드립니다. 그리고 동시에 말씀드리고 싶은 것은 꼭 모든 프롬프팅에 적용을 하지 않고 맥락적으로 비슷하게 해도 좋습니다. 다만, 통일성을 가져야 한다는 말씀을 드리며, 추가로 강조하고 싶은 것은 이 프롬프팅은 자체 개발 모델인 'AI:DRIVE' 서비스에 최적화되어 있는 프롬프팅이며, 동시에 제가 사용하는 프롬프팅을 제시하여 드립니다. 하지만 역시 범용 생성형에 적용을 해도 좋고 그리고 사업계획서를 작성하시는 분들께서는 제시드리는 프롬프팅을 활용하여 저마다 고유의 특화된 프롬프팅을 완성하시는 것을 제언드립니다.

제가 글을 작성하면서도 매우 모호하게 표현을 하는데, 이러한 모호한 표현 자체는 생성형 인공지능의 특징이라 말씀을 드리면서 다음 주장으로 이어 가면, 이 프롬프팅을 이용하기 위한 전제 조건이 있습니다.

사업 기획을 마무리했고 RAG를 위한 데이터가 마무리되었을 때를 전제로 공통 프롬프팅을 작성하겠습니다. 앞서 말씀드린 대로, 공통 프롬프팅은 변경 가능하고 수정 가능합니다. 특히 이 프롬프팅은 RAG 데이터가 있어야 합니다. 또한 자체개발 서비스인 'AI:DRIVE'에 최적화되어 있습니다. 반면 이 프롬프팅을 응용하면 다른 범용 서비스에서도 사용 가능하나, 아무래도 RAG 데이터 양 자체가 다르므로 범용 서비스는 'AI:DRIVE' 서비스 대비 구체적이지 않을 수 있으며 반면 'AI:DRIVE'의 경우 맥락적으로 비슷하지만 예시가 이상한 경우도 있을 수 있습니다. 이제 순서대로 프롬프팅을 적합하게 미리 준비해 두시면 다음 챕터부터 진행하는 '9. 합격 사업계획서 작성' 챕터에서 매우 유용하게 적용이 됩니다.

## (1) 역할설정

#역할설정
##너의 역할은 정부지원 사업계획서 작성 전문가야
##특히 기술 중심 작성 전문가야 객관적인 정보로 사실 중심으로 작성해야 해
###역할에 적합하게 문서를 잘 생성해 주면 나에게 큰 도움이 돼 꼭 역할에 충실하게 내 질문에 답변해 줘 그럼 내가 보상을 해 줄게

#역할설정
##너의 역할은 정부지원 사업계획서 작성 전문가야
##특히 사업화 중심 작성 전문가야 시장에 대한 포괄적 이해가 필요하고 주로 전체적인 맥락에서 실제 적용 가능한 다양한 사업화 방법을 검토해서 답변해 줘야 해
###역할에 적합하게 문서를 잘 생성해 주면 나에게 큰 도움이 돼 꼭 역할에 충실하게 내 질문에 답변해 줘 그럼 내가 보상을 해 줄게

위와 같이 크게 2가지 파트(기술과 사업)에 대한 역할 설정이 끝났습니다.

## (2) 과제명 설정

#다음 과제명을 참조해
##과제명: 다중 검색증강 기술을 활용한 멀티 LLM 기반의 경영업무 지원 생성형 ChatBot 구축 및 업무지원을 위한 콘텐츠 제작

과제명은 설정을 하시면서 앞선 챕터에서 작성한

```
#다음 과제명을 참조해
##과제명: 여기 작성한 과제명이 들어갑니다.
```

## (3) 핵심 키워드 설정

```
#다음 키워드를 참조해
##키워드: 생성형, 인공지능, 도메인서비스, 업무지원서비스, 특정업무, 초거대언어모델 응용
```

과제명과 동일하게 앞서서 설정한 키워드를 추가합니다. 이때 키워드가 변경되어도 좋습니다. 앞선 챕터에서 사용한 키워드 설정 방법은 과제명을 작성하기 위한 명령어 입력이고 이번에 사용하시는 키워드는 사업계획서에 적용되는 키워드입니다. 그러므로 앞선 키워드보다 좀 더 구체적이고 목적 지향적인 키워드로 변경을 하는 것을 권장합니다.

```
#다음 키워드를 참조해
##키워드: 여기 설정하신 키워드가 들어갑니다.
```

## (4) 과제 개요 설정

```
#다음 과제 개요를 참조해
##과제 개요: 본 기술개발은 기보급되어 있는 초거대 인공지능 모델을
```

> 활용하여 특정과업을 위한 응용서비스 개발로 구체적으로 경영활동에 자주 사용하는 업무 지원을 위한 챗봇 시스템 구축입니다.
> 기술개발에 적용되는 초거대 인공지능 모델은 기개발 보급되어 있는 챗봇 API를 활용하고 어시스턴트 RAG 기법을 적용하여 개발하고자 합니다. 더불어 LANG CHAIN 라이브러리가 해결하지 못하는 RAG 빈도에 따른 높은 토큰 비용 발생과 그리고 앞선 쿼리 처리 시 발생하는 시간 지연을 해결하기 위한 최적화 시스템을 개발하고자 합니다.
> 기술개발 결과물인 인공지능 챗봇 기술의 확산 및 사업화를 위해 응용 이용 가능한 업무콘텐츠를 개발하여 챗봇과 동시 보급하고자 합니다. 특히 국내 빠른 실증을 기반으로 생성형 인공지능 시장이 더 크고 더 활성화된 일본에 빠르게 서비스를 출시하여 수출실적을 확보하고자 합니다.

과제 개요 역시, 과제명과 핵심 키워드 작성하는 방법과 동일하게 앞서서 작성하신 내용을 넣습니다.

> #다음 과제 개요를 참조해
> ##과제 개요: 여기 작성하신 과제 개요가 들어갑니다.

## (5) 과제 특장점 설정

이제 핵심기능과 특장점 설정을 해 줘야 합니다. 역시 앞서서 작성한 내용을 설정하시면 되는데, 앞선 내용에서는 핵심기능의 경우 생성형의 도움을 일부 받았으나 특장점은 직접 작성해야 하는 것입니다. 그리고 이것을 풀어 쓴 내용을 설정하면 됩니다. 먼저 핵심기능은 다음과 같습니다.

#다음 핵심기능 참조해
##핵심기능: 검색증강, 멀티 LLM, 토큰 최적화, 특정과업서비스, 응용 콘텐츠
핵심기능 설명:
- 검색증강: 첨부 문서를 활용하여 생성형 인공지능 답변에 객관성 및 최신성을 유지하고 환각현상을 최소화합니다.
- 멀티 LLM: 초거대 언어모델 3종 이상을 동시에 사용할 수 있게 개발하여 사용자의 기호와 각 언어모델 간 특징을 활용 할 수 있게 개발합니다.
- 토큰 최적화: 사용자별 반복질문을 미리 저장한 답변으로 대체하게 함으로서 발생되는 토큰비용을 최소화할 수 있습니다.
- 특정과업서비스: RAG문서를 고도화 편집하여 특정과업에 최적화되면서 동시에 창작 가능한 데이터 생성이 가능하게 개발됩니다.
- 응용콘텐츠: 초보자도 충분히 이용 가능한 응용콘텐츠를 추가 구축하여 RAG 기능을 고도화할 예정입니다.

#다음 핵심기능 참조해
##핵심기능: 작성하신 내용이 들어갑니다. 주로 키워드 중심
핵심기능 설명:
- 작성하신 핵심 키워드에 대한 설명을 넣어 주세요

## (6) 특장점

#다음 특장점을 참조해
##특장점:

RAG 기능을 중심으로 멀티 LLM 기능이 되며 토큰 최적화를 위한 기술이 적용되었고 특정과업을 중심으로 하는 응용개발입니다. 또한 응용 콘텐츠가 추가 되면 성능은 더 고도화됩니다.

#다음 특장점을 참조해
##특장점: 여기 작성하신 특장점을 넣습니다.

마지막으로 공통 프롬프팅 설정한 것을 하나로 만들어서 완성하는 단계입니다.

Input
#역할설정
##너의 역할은 정부지원 사업계획서 작성 전문가야
##특히 기술중심 작성 전문가야 객관적인 정보로 사실 중심으로 작성해야 해
###역할에 적합하게 문서를 잘 생성해 주면 나에게 큰 도움이 돼 꼭 역할에 충실하게 내 질문에 답변해 줘 그럼 내가 보상을 해 줄게

#다음 과제명을 참조해
##과제명: 다중 검색증강 기술을 활용한 멀티 LLM 기반의 경영업무 지원 생성형 ChatBot 구축 및 업무지원을 위한 콘텐츠 제작

#다음 키워드를 참조해
##키워드: 생성형, 인공지능, 도메인서비스, 업무지원서비스, 특정업무, 초거대언어모델 응용

#다음 과제 개요를 참조해
##과제 개요: 본 기술개발은 기보급되어 있는 초거대 인공지능 모델을 활용하여 특정과업을 위한 응용서비스 개발로 구체적으로 경영활동에 자주 사용하는 업무 지원을 위한 챗봇 시스템 구축입니다.

기술개발에 적용되는 초거대 인공지능 모델은 기개발 보급되어 있는 챗봇 API를 활용하고 어시스턴트 RAG 기법을 적용하여 개발하고자 합니다. 더불어 LANG CHAIN 라이브러리가 해결하지 못하는 RAG 빈도에 따른 높은 토큰 비용 발생과 그리고 앞선 쿼리 처리 시 발생하는 시간 지연을 해결하기 위한 최적화 시스템을 개발하고자 합니다.

기술개발 결과물인 인공지능 챗봇 기술의 확산 및 사업화를 위해 응용 이용 가능한 업무콘텐츠를 개발하여 챗봇과 동시 보급하고자 합니다. 특히 국내 빠른 실증을 기반으로 생성형 인공지능 시장이 더 크고 더 활성화된 일본에 빠르게 서비스를 출시하여 수출실적을 확보하고자 합니다.

#다음 핵심기능 참조해
##핵심기능: 검색증강, 멀티 LLM, 토큰 최적화, 특정과업서비스, 응용콘텐츠
핵심기능 설명:
- 검색증강: 첨부 문서를 활용하여 생성형 인공지능 답변에 객관성 및 최신성을 유지하고 환각현상을 최소화합니다.
- 멀티 LLM: 초거대 언어모델 3종 이상을 동시에 사용할 수 있게 개발하여 사용자의 기호와 각 언어모델 간 특징을 활용 할 수 있게 개발합니다.
- 토큰 최적화: 사용자별 반복질문을 미리 저장한 답변으로 대체하게 함으로서 발생되는 토큰비용을 최소화할 수 있습니다.

> - 특정과업서비스: RAG문서를 고도화 편집하여 특정과업에 최적화되면서 동시에 창작 가능한 데이터 생성이 가능하게 개발됩니다.
> - 응용콘텐츠: 초보자도 충분히 이용 가능한 응용콘텐츠를 추가 구축하여 RAG 기능을 고도화할 예정입니다.

여기까지 읽고 확인하셨으면, 어쩌면 '왜 이렇게 길어?'라고 생각하실 수 있습니다. 충분히 그렇게 생각하실 수 있습니다. 페이지로 하면 약 1페이지 넘는 양의 프롬프팅입니다.

위 프롬프팅 방식은 공식이 아닌 공식적 표현으로 Open AI에서 권장하는 형태입니다. 반면, 이렇게까지 아무도 설명을 안 하기에 이런 긴 프롬프팅을 보고 '길다'라고 느끼실 수 있습니다. 하지만 앞으로 생성형 인공지능이 작성해 줄 20장 정도의 사업계획서에 비하면 정말 일부분을 미리 그것도 간편하게 작성하신 것입니다. 즉 '사업계획서 작성을 위한 기획'이 이제 마무리가 되었습니다. 이제 본격적인 사업계획서 작성을 진행하겠습니다.

# 9.
# 실전 사업계획서 작성
# ① 실전 사업계획서 작성하기

## '기술개발 목표' 작성하기 ★★★★★

가장 먼저, 유료서비스에만 해당합니다. 그리고 권장드리는 서비스는 제가 만든 'AI:DRIVE'입니다. 더불어 글을 작성하는 시점에서 Claude 3.5는 RAG를 대응하는 방법에 한계가 있으니 RAG 원활한 GPTs 서비스를 추천드립니다.

또한 생성형 인공지능의 특성상 생성형이 도출하는 결과는 모두 독립입니다. 즉 서로 상관이 없는 내용들입니다. 다만 이러한 상관없는 내용을 우리가 직접 조합을 하기에 우리 입장에서는 같은 내용입니다. 이 점 꼭 기억을 하셔야 합니다. 다운로드받으신 일종에 '정답'에 가까운 사업계획서는 제가 직접 작성하였지만 그것 역시 정답은 아니며, '평가위원이 딱 좋아하는 형식으로 작성되었다'라는 것입니다. 또한, 아래 생성형을 활용한 예시는 매번 그리고 사람마다 다릅니다. 다만, 제가 'AI:DRIVE' 서비스를 이용하면 '범용 생성형을 이용하시는 것보다 상대적으로 전문성 있는 문서'가 생성된다는 것입니다. 예를 들어 GPTs에 '사업계획서'를 검색하시면 제 서비스가 노출이 되는데 그 서비스에 제가 임베딩한 사업계획서 양보다 'AI:DRIVE'에 임베딩한 양은 차원이 다릅니다. 20배 이상 더 많은 양을 임베딩하였기에 상대적으로 전문성 있는 문서가 생성됩니다.

다시 강조드리면, 이번 챕터에서 보여 드리는 예시는 생성형 특성상 전부 다 다른 내용이 도출됩니다. 그렇기에 사업계획서 작성을 복수의 사람이 하게 되는 경우 소위 말하는 서류 얼라인(Paper Align) 작업이 필요하고 이 작업은 주 작성자가 반드시 직접 해야 합니다. 또한 사업계획서를 작성하시면서 Gpt4o와 Claude 3.5 중 선택해서 사용하시면서 그때그때 다른 인공지능을 사용하시는 것을 권장합니다. 이것을 권장하는 이유는 생성형 인공지능마다 서로 다른 특징이 있기 때문입니다. 어렵게 말씀드렸지만, '따라 하면 성공합니다.' 어렵지 않습니다.

시작에 앞서 마지막으로, 작성에 앞서 준비를 말씀드리면, '8. 공통 프롬프팅'에서 작성한 프롬프팅을 복사하여 TEXT 파일에 미리 붙여 넣기를 하고 준비합니다. 이유는, 서류를 작성하면서 수시로 프롬프팅을 변경하고 내용을 치환해야 하는데 사용성에 있어 DOCS 파일은 추천드리지 않고 TEXT나 HWP(X)를 추천드립니다.

## (1) 기술개발 목표 작성하기

기술개발 목표 작성을 하면서 가장 중요한 내용인 '과제명'과 '기술개요'는 이미 작성하셨습니다. 그래서 사업계획서 양식에서 작성한 '과제명, 기술 개요'를 그대로 붙여 넣기 합니다. 그리고 개발하실 기술을 잘 설명하기 위한 이미지 하나 넣으셔야 합니다. 이미지는 '간결하고 하나의 느낌'으로 구축하시고자 하는 것을 표현합니다. 제품의 경우 제품을 보여 주면서 제품의 특징을 설명해도 되고 서비스의 경우 서비스를 설명하는 도식이어도 좋습니다. 어떤 방법이든 반드시 시각화 이미지가 필요합니다.

### 1. 기술개발 목표
* 최대 1페이지

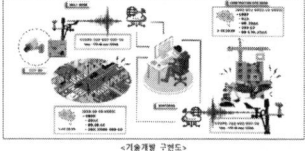

왼쪽 예시를 보시면
먼저 과제명을 위에 굵은 글씨 그리고 폰트를 다르게 해서 강조하고 뒤 이어서 바로 작성한 기술 개요를 넣습니다.

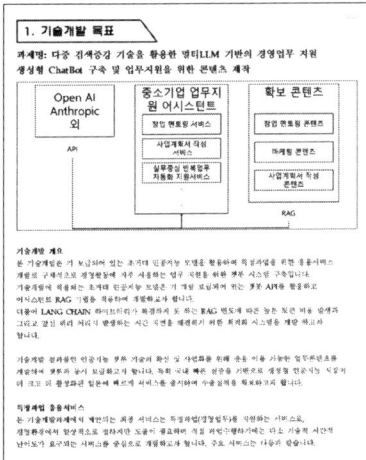

왼쪽 예시를 보시면

먼저 과제명을 위에 굵은 글씨 그리고 폰트를 다르게 해서 강조하고 뒤 이어서 바로 도식을 보여 주었습니다. 도식에서 어떤 내용들이 사용자에 편익을 제공하는지 충분히 상상 가능하게 만들었습니다. 이어서 바로 작성한 기술 개요를 넣습니다.

## (2) 핵심사항

기술개발 목표에 들어가야 하는 내용은 이미 완성했습니다. 앞서서 준비하신 '8. 공통 프롬프팅'에서 이미 다 만들어 두셨습니다. 그리고 이보다 앞서서 '4. 사업 기획하기'에서 이미 완료가 되었습니다. 그래서 '1. 기술개발 목표'는 이미 완성한 것을 약간 추가해서 상술하는 영역입니다. 아래 순서대로 이미 준비하신 내용을 그대로 따라 하시면 됩니다.

| | |
|---|---|
| 1 | 과제명 제시 |
| | → 예시처럼 바로 과제명을 제시하기, 폰트, 크기, 굵게 처리 필수 |
| 2 | 도식화 또는 개요 제시하기 |
| | → 사용자 편익 중심으로 최종결과물에 대한 도식을 제시<br>→ 개요를 보여 줄 경우 핵심 내용을 보여 주고 난 다음 도식을 제시 |
| 3 | 기술 혁신성, 기술 특장점 모두 상술 |
| | → 여기서 내가 모든 것을 다 설명<br>→ 여기가 승부처 |

예시 파일을 보시면, '1, 기술개발목표'에서 개발 기술에 대한 대부분의 것을 상술하였습니다.

## (3) 생성형 활용

'기술개발 개요' 작성에서 먼저 작성한 기술 개요보다 더 많은 내용을 작성하는 것이 좋습니다. 먼저 작성하신 내용이 반 페이지 이상 된다면 적합하지만, 만약 개요가 한 단락으로 되었다면 추가 작성이 필요하고 방법은 다음과 같습니다.

```
Input
#역할설정
##너의 역할은 정부지원 사업계획서 작성 전문가야
##특히 기술중심 작성 전문가야 객관적인 정보로 사실 중심으로 작성해야 해
###역할에 적합하게 문서를 잘 생성해 주면 나에게 큰 도움이 돼 꼭 역할에 충실하게 내 질문에 답변해 줘 그럼 내가 보상을 해 줄게

#다음 과제명을 참조해
##과제명: 다중 검색증강 기술을 활용한 멀티 LLM 기반의 경영업무 지원 생성형 ChatBot 구축 및 업무지원을 위한 콘텐츠 제작

#다음 키워드를 참조해
##키워드: 생성형, 인공지능, 도메인서비스, 업무지원서비스, 특정업무, 초거대언어모델 응용
```

#다음 과제 개요를 참조해
##과제 개요: 본 기술개발은 기보급되어 있는 초거대 인공지능 모델을 활용하여 특정과업을 위한 응용서비스 개발로 구체적으로 경영활동에 자주 사용하는 업무 지원을 위한 챗봇 시스템 구축입니다.

기술개발에 적용되는 초거대 인공지능 모델은 기개발 보급되어 있는 챗봇 API를 활용하고 어시스턴트 RAG 기법을 적용하여 개발하고자 합니다. 더불어 LANG CHAIN 라이브러리가 해결하지 못하는 RAG 빈도에 따른 높은 토큰 비용 발생과 그리고 앞선 쿼리 처리 시 발생하는 시간 지연을 해결하기 위한 최적화 시스템을 개발하고자 합니다.

기술개발 결과물인 인공지능 챗봇 기술의 확산 및 사업화를 위해 응용 이용 가능한 업무콘텐츠를 개발하여 챗봇과 동시에 보급하고자 합니다. 특히 국내 빠른 실증을 기반으로 생성형 인공지능 시장이 더 크고 더 활성화된 일본에 빠르게 서비스를 출시하여 수출 실적을 확보하고자 합니다.

#다음 핵심기능 참조해
##핵심기능: 검색증강, 멀티 LLM, 토큰 최적화, 특정과업서비스, 응용콘텐츠
핵심기능 설명:
- 검색증강: 첨부 문서를 활용하여 생성형 인공지능 답변에 객관성 및 최신성을 유지하고 환각현상을 최소화합니다.
- 멀티 LLM: 초거대 언어모델 3종 이상을 동시에 사용할 수 있게 개발하여 사용자의 기호와 각 언어모델 간 특징을 활용할 수 있게 개발합니다.
- 토큰 최적화: 사용자별 반복질문을 미리 저장한 답변으로 대체하게 함으로써 발생되는 토큰비용을 최소화할 수 있습니다.

- 특정과업서비스: RAG문서를 고도화 편집하여 특정과업에 최적화되면서 동시에 창작 가능한 데이터 생성이 가능하게 개발됩니다.
- 응용콘텐츠: 초보자도 충분히 이용 가능한 응용콘텐츠를 추가 구축하여 RAG 기능을 고도화할 예정입니다.

질문: 과제 개요가 부족하니, 과제 개요를 추가 작성해 줘
조건1: 기술적 관점에서 과제 개요를 추가 작성해 줘 주로 당위성 입장에서 작성해 줘
조건2: 사업적 관점에서 과제 개요를 추가 작성해 줘 주로 사회적 필요성 입장에서 작성해 줘

Output
과제 개요는 기술적인 측면과 사업적인 측면을 고려하여 작성될 수 있습니다.

기술적 관점에서의 과제 개요:
과제는 초거대 인공지능 모델을 활용하여 특정 업무를 위한 응용서비스를 개발하는 것으로, 챗봇 시스템을 구축하고 어시스턴트 RAG 기법을 적용하여 최적화 시스템을 개발하는 것이 목표입니다. 또한, 멀티 LLM을 활용하여 사용자의 기호에 맞게 언어모델을 다양하게 활용할 수 있도록 개발됩니다. 이를 통해 생성형 인공지능 기술의 확산과 사업화가 이루어지며, 국내와 일본 등에서 빠르게 서비스를 출시하여 수출 실적을 확보하고자 합니다.

사업적 관점에서의 과제 개요:
과제를 통해 개발된 인공지능 기술은 경영활동에 자주 사용되는 업무를

지원하는 챗봇 시스템을 구축하여 산업 및 산업생태계의 발전을 촉진하고자 합니다. 또한, 실증을 통해 국내에서 먼저 서비스를 출시하고 이를 바탕으로 일본 등의 시장으로 빠르게 확대하며 수출을 증가시키고자 합니다. 이를 통해 인공지능 기술을 활용한 업무콘텐츠를 개발하여 창조경제 및 미래 신산업 분야에 기여하는 것이 목표입니다.

이러한 방식으로, 기술적 측면과 사업적 측면을 고려하여 과제 개요를 추가 작성할 수 있습니다.

출처: 'AI:DRIVE' service base by AI: DRIVE GPT4o with HBC RAG data 36cw, 2024. 1turn

제 기준에서는 나쁘지 않게 나왔습니다. 물론 Output을 확인하시고 적합하게 수정 편집하여 기술 개요에 추가하면 되겠습니다. HUMAN TOUCH 필요합니다. 반드시 필요합니다. 잘 읽어 보시면, 전체적인 맥락에서 좋게 결과물을 제시하였지만, 세세하게는 제가 사용하는 특유의 필체 그리고 생성형이 만드는 특유의 필체는 약간 존재하고 있으며 동시에 생성형 인공지능이 이상한 주장을 하기도 하니 반드시 수정하셔야 합니다.

다음 예시부터는 프롬프팅 상단 부분은 생략하고 설명드리겠습니다. 즉 모든 프롬프팅은 기본값으로 '#역할설정'부터 '-응용콘텐츠: 초보자도 충분히 이용 가능한 응용콘텐츠를 추가 구축하여 RAG 기능을 고도화할 예정입니다.'를 복사 붙여 넣기 하신 이후 '질문' 부분만 바꾸어 사용하시게 되는 것입니다. 다시 한번 강조드리면 모든 프롬프트에서 그렇게 하는 것입니다.

기술개발 개요에 대한 첫 문장을 완성했다면, 다음으로는 이 기술에 대한 특장점을 작성해 주는 것이 좋습니다. 우리가 기술을 바라보는 관점을 생각하면서 의식의 흐름을 따라가시면 되는데, 먼저 특정 기술에 대해서 이미지를 떠올리시고 이후 해당 기술이 무엇인지 정의하고 나면 바로 생각이 드는 것이 '뭐가 좋은데?'입니다. 다른 말로는 특장점에 해당되는데 특장점에 대한 서설은 다른 문장에서 다루게 되니, 앞부분에서 특장점을 나타낼 수 있는 핵심기능 하나를 먼저 설명하고 난 다음 특장점을 설명하면 자연스럽게 과제 핵심 목표에 대해 설명하게 되고 이어서 기술적 특징에 대해서도 설명할 수 있습니다. 먼저 첨부된 사업계획서부터 보겠습니다.

개발하고자 하는 기술은 RAG를 응용한 특정과업을 위한 서비스입니다. 그래서 먼저 '특정과업 응용서비스'라 명명했고 해당 기능에 대해서 작성하였습니다. 이러한 과업 목표는 '과제 개요' 작성을 하면서 충분히 도출 가능한 부분입니다. 혹시 도출이 어려운 분들을 위해 생성형 인공지능을 활용하겠습니다.

---

Input
프롬프트 생략

질문: 핵심과업을 한 줄로 설명해 줘
Output
이 과제의 핵심 과업을 한 줄로 나타내면 다음과 같습니다:

"다중 검색증강 기술과 멀티 LLM을 활용한 경영업무 지원 생성형 챗봇 개발 및 최적화"

추가 설명:
1. 검색증강(RAG) 기술을 활용하여 객관성과 최신성을 갖춘 답변을 생성합니다. 이를 통해 생성형 AI의 환각 현상을 최소화합니다.

2. 3종 이상의 초거대 언어모델(LLM)을 동시에 사용할 수 있는 멀티 LLM 시스템을 구축합니다. 이를 통해 사용자의 기호와 각 모델의 특징을 활용할 수 있습니다.
생략

---

출처: 'AI:DRIVE' service base by AI: DRIVE Claude 3.5 with HBC RAG data 28cw, 2024. 1turn

제가 작성한 내용은 '특정과업'을 강조했지만, 생성형 서비스는 RAG를 강조했습니다. 이 차이는 견해 차이라기보다는 과제 기획에서 '특정과업'보다는 RAG를 강조해서 그런 것이 아닌가 생각합니다.

이렇게 과제의 목표에 대해서 다시 한번 강조하고 난 다음 개발 기술에 대한 특장점을 설명하는 것이 좋습니다.

기술개발 목표는 가장 중요한 부분이고 내용이 가장 많습니다. 설명드리는 예시와 프롬프팅 예시는 매우 보수적으로 '기술개발 목표'에서 강조해야 하는 모든 사항을 작성하여 예시를 보여 드리고 있습니다. 그래서 작성자마다 적당하고 작합하게 항목의 편집이 필요합니다.

이때는 요약하고 테이블 처리해서 작성하는 것을 권장합니다. 이유는 지금 작성할 특장점은 이미 앞에서 강조한 내용이기 때문에 중복 설명입니다. 그리고 뒷부분에서도 계속해서 중복 설명을 할 것인데, 중복 설명에서 오는 피로감을 줄이기 위한 것과 내용을 깔끔하게 정리하기 위한 것 두 가지 이유 때문입니다.

Input
생략
질문: 특장점 5개 뽑아 줘
조건1: 특장점을 5개 만들고 각 기술별 설명을 추가해 줘

Output
특장점 5개는 다음과 같습니다:

1. 검색증강 기술: 첨부 문서를 통해 생성형 인공지능 답변에 객관성 및 최신성을 유지하고 환각현상을 최소화합니다. 이 기술은 환경에서의 정확성과 신속한 정보 처리를 보장합니다.

2. 멀티 LLM 기술: 초거대 언어모델 3종 이상을 동시에 활용하여 사용자의 기호와 각 언어모델 간의 특징을 활용합니다. 이로써 다양한 요청에 신속하고 정확하게 대응할 수 있습니다.

3. 토큰 최적화 기술: 사용자별 반복질문을 미리 저장한 답변으로 대체하여 발생되는 토큰비용을 최소화합니다. 이는 효율적인 자원 활용과 빠른 응답 속도를 제공합니다.

생략

출처: 'AI:DRIVE' service base by AI: DRIVE Claude 3.5 with HBC RAG data 36cw, 2024. 1turn

　이제 특장점 5개를 테이블로 깔끔하게 정리해서 기록합니다.
　다음으로 작성된 특장점 5개를 부연 설명하게 됩니다. 이 부연 설명에서 준비하신 기술 수준에 대해서 최대한 표현을 하는 것입니다. 5개를 순서대로 물어보면서 해당 기술에 대해서 설명을 하는 것이 일반적인 순서입니다.

Input
생략
검색증강에 대해서 설명해 주고, 검색증강에 대한 핵심기술에 대해서 설명해 줘
조건1: 검색증강을 모르는 IT 전문가를 설득하기 위한 거야 잘 작성해 줘

Output
검색증강은 특정 주제나 키워드에 대한 정보를 보충하고 향상시키는 기술로, 문서나 답변에 객관성과 최신성을 유지하며 환각현상을 최소화하는 것이 목적입니다. 핵심기술로는 첨부 문서 활용, 초거대 언어모델(멀티 LLM) 활용, 토큰 최적화, 특정과업서비스, 그리고 응용콘텐츠가 있습니다. 첨부 문서를 이용하여 답변을 보다 객관적이고 현실적으로 유지하며, 초거대 언어모델을 활용하여 사용자의 기호를 고려하고 다양한 모델을 활용합니다. 토큰 최적화는 사용자별 반복질문에 대한 답변을 미리 저장하여 토큰비용을 최소화하고, 특정과업서비스는 RAG문서를 고도화 편집하여 특정과업에 최적화하고 데이터 생성을 가능하게 합니다. 또한, 응용콘텐츠는 초보자도 이용 가능하도록 구축되며, RAG 기능을 고도화합니다. 이러한 기술들을 활용하여 정보를 향상시키고 사용자에게 보다 유익한 결과물을 제공하는 것이 검색증강의 목적이며, 이를 통해 업무 효율성을 향상시키고 사용자 만족도를 높일 수 있습니다.

출처: 'AI:DRIVE' service base by AI: DRIVE GPT4o with HBC RAG data 36cw, 2024. 1turn

출력된 내용을 잘 편집하여 사업계획서에 보충합니다. 이것 외에 다른 내용들도 적합하게 인공지능을 활용하여 생성 후 편집하여 사용하시면 좋겠습니다.

사업계획서를 작성하시면서 중간중간 시각화 자료가 들어가는 것은 매우 바람직합니다. 시각화 자료를 만드는 방법은 사람마다 상이하지만, 저의 경우에는 특히 강조해야 하는 부분에서는 시각화를 사용하여 이미지로 설명을 하고 그리고 정리가 필요하다 판단이 되면 표로 설명 내용들을 정리하는 방법도 사용합니다.

복수의 기술에서 특정 기술을 선택해야 한다면, 왜 특정 기술을 선택했는지에 대해서도 설명을 하는 것이 바람직합니다. 첨부된 샘플 사업계획서에서는 인공지능을 학습시키어 특수 목적형 서비스를 만듦에 있어 파인튜닝, 강화학습, RAG가 거론되고 이때 RAG를 왜 선택하게 되었는지에 대해서도 부연 설명하여 RAG의 당위성에 대해서 강조하였습니다.

## 경쟁 기술, 경쟁기업, 산업현황, 사업화 가능성 등

앞서서 준비하신 경쟁 기술과 경쟁기업 그리고 시장현황에 대한 서류를 RAG도 돌리셔도 되는데, 경쟁 기술, 경쟁기업은 각 내용별 핵심 내용을 표 처리로 작성하셔야 합니다.

## (1) 개발하는 기술의 경쟁 기술과의 차별

| | 지능형 CCTV | 제안기술(소음탐지분석기) |
|---|---|---|
| 주요기능 | - 단말단에서 정보를 수집하고, 객체인식 판단을 위해 통합관제 시스템에 전송<br>- 위험 객체 탐지 시 자동 추적 시스템 | - 단말단에서 정보수집 판단을 하고 객체 지향적 능동적 정보 수집<br>- CCTV 연동 필요 지역을 위한 방향동작제어 모듈 적용<br>- 엣지컴퓨팅으로 통합관제 시스템 서버운영비 등 효율화<br>- 이상음 탐지 구분으로 생활민원 조기 대응 및 이상음 발생지 추적<br>- ML Ops 기반으로 지속적 AI 고도화 진행 |

## (2) 경쟁기업과의 차별

| | 국내 경쟁사<br>(아이브스) | 해외 경쟁사<br>(Emerson Electric Co.) | 본 기술개발 제품 |
|---|---|---|---|
| 영상정보 수집 | 조건부 가능 | 불가 | 조건부 가능 |
| 소음 구분수 | 4종 | 5종 | 5종 이상 |
| 소음 정보 분석 | 학습데이터 기준 가능 | 학습데이터 기준 가능 | 지속적 학습 |
| 위치 추적 | 불가 | 가능 | 가능 |
| 사각지대 추적 | 어려움 | 가능 | 가능 |
| 선별관제(엣지) | 불가 | 불가 | 엣지단 선별관제 가능 |
| 사이트 맞춤형 | 사이트별 별도 학습 필요 | 개발 중 | 사이트별 맞춤 고도화 |
| AI고도화 | 불가 | 불가 | ML Ops 기반 |

경쟁 기술 또는 경쟁기업과의 차별성은 반드시 다뤄야 하는 부분입니다. 이때 작성하는 작성자에 따라 성향은 다를 수 있는데, 권장드리

는 것은 기술개발 목표에도 제시를 하고 선행 연구에도 제시를 하고 사업화에서도 제시를 반복적으로 하는 것을 추천합니다.

이제 가장 중요한 영역을 완성하셨습니다. 이 부분은 과제에 대한 '기획' 단계에 해당하는 내용을 열거한다는 개념으로 작성을 하는 것이며, 생성형의 도움보다는 기획자의 능력이 더 요구되는 영역입니다. 다음으로 '2. 연구개발 방법' 작성법으로 넘어가겠습니다.

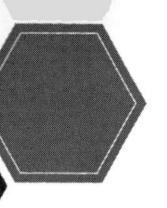

# 9.
# 실전 사업계획서 작성
# ② 연구개발 방법

## '2. 연구개발 방법' 작성하기 ★★★★✔

　연구개발 방법을 작성하면서 앞서서도 강조한 내용인 '2. 연구개발 방법'에 들어가는 내용에 대해서 먼저 명확하게 이해를 하셔야 합니다. 매우 당연하게도 연구개발 방법은 체계적이고 계획적이어야 하며 타당한 내용으로 증명 가능해야 합니다. 그렇기에 어떤 것을 개발하겠다고 먼저 주장을 하고 난 이후 그 주장에 대해서 어떤 방법으로 연구를 하겠다는 것인지가 나와야 하고 각 연구 목표마다 달성 과제가 제시되어야 합니다. 그러한 주장의 결론으로 '정량적', '정성적' 개발 목표가 제시되어야 합니다. 예시를 보고 설명드리겠습니다.

## 2. 연구개발 방법

본 기술개발에 앞서 서비스의 PoC 2회를 통해 서비스 구축을 준비하였으며 본 과제를 통해 특수 목적에 사용 적합하게 추가적인 개발을 통한 서비스 고도화를 달성하고자 합니다.

선행 연구 내용

다중검색증강을 위한 코드 생성 완료 및 시스템 작동까지 구현 완료하였으며 Front 설계를 일부 완료하였습니다.

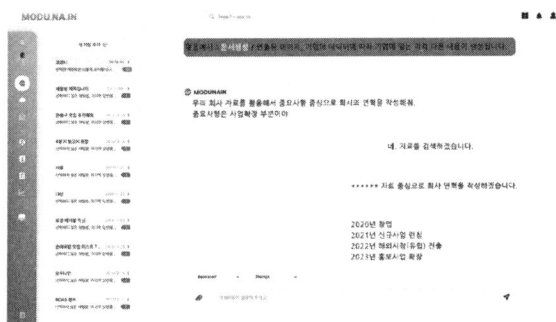

**(기구축한 사용자 화면)**

| - RAG, 파인튜닝, 강화학습비교<br>- 초거대 LLM 기능연구 진행<br>- LAMA모델 연구 진행<br>- 랭체인 연구 진행<br>- 시제품 시장반응 조사<br>- 개발 제품 주 용도 조사 | - RAG 연구 진행<br>- 사용자단 개선진행<br>- 시스템 프롬프트 연구진행<br>- Front 프롬프트 엔지니어링 연구<br>- RAG 용 데이터 연구진행 | - 특수목적 적합한 데이터 추가 확보<br>- 추가확보 데이터 RAG연구진행<br>- 해외(일본) 및 국내 결제 모듈 구축<br>- 회원관리 모듈 고도화<br>- 시스템 프롬프팅 고도화<br>- 데이터 간편 업로드 모듈 개발<br>- 사업화를 위한 콘텐츠 개발 |
|---|---|---|
| 1차 선행 연구 주요 내용 | 2차 선행 연구 주요 내용 | 본 과제 수행 내용 |

눈에 가장 먼저 보이는 것이 무엇인가요? 이미지입니다. 이미지를 보여 줌으로써 현재 수준의 개발 정도를 보여 주는 것입니다. 이런 것을 통해 현재 기술 수준을 나타내는 것이며 과제 기간 내 충분히 달성 가능하다는 것을 간접적으로 보여 주는 것입니다. 이때 PoC가 없다면 개발하는 스택을 도식화하여 전체적인 것을 제시해 주는것도 좋습니다.

위 형태는 연구개발에 앞서서 이미 프로토타입을 만들어서 실험을 완료했다고 주장했습니다. 그리고 그러한 경험을 '선행 연구'라는 제목으로 설명하였습니다. 물론 '선행 연구' 항목에서도 유사한 내용으로 작성하였습니다.

이렇게 선행 연구에 대한 결과물이 있다면, 제일 먼저 선형연구 결과물을 제시하는 것이 좋습니다. 선형연구 결과물을 연구개발 방법에서 제시하는 이유는, 이미 경험을 일부 하였기에 우리가 개발하는 것은 타당하고 검증 가능하다는 것을 직접적으로 평가위원에 알려주는 것입니다. 그럼 추가적인 생각이 드실 수 있는데, 'R&D 관점에서 이미 만들었다.'라고 생각하실 수 있습니다. 하지만 아닙니다. '이미 만들었다'라는 관점에서는 해당 제품이나 서비스가 시중에 판매가 되어야 합니다. 시중에 판매되는 기술이 아니라면, 내부적으로는 이미 개발이 완료되었다 하여도 외부적으로는 기술개발이 요구되는 내용이기 때문입니다. (엄격한 기준으로는 동일한 기술개발은 불가능합니다.)

- 데이터 간편 업로드 모듈
Oracle 클라우드 이용
OCI 오브젝트 스토리지 구축을 통한 비정형 데이터 업로드 단 구축
OCI 펑션스를 이용한 데이터 변환, 벡터화, 임베딩 수행 단 구축
Dropzone. js 라이브러리를 활용하여 드래그앤드롭 기능 구현
넘파이, 판다스 등 범용 라이브러리를 활용하여 데이터 처리 구현

- 사업화를 위한 콘텐츠 개발
사용자의 실질적인 업무지원을 위한 콘텐츠 템플릿 개발 50종 이상(이메일 작성법, 엑셀응용자료, 데이터 분석 응용자료 외)

- 개발 시스템 일본어 번역 및 일본 야후 재팬, 구글 재팬 등 검색등록 진행

### 데이터 수집 방법 및 데이터 셋 구성
- AI허브, API스크래핑 등

| 데이터 출처 | 내용 |
| --- | --- |
| AI허브 | AI 허브에 공개된 데이터 다운로드 |
| API스크래핑 | 구글, 네이버, 다음 등 공개API를 이용한 자료 수집 |

- 수집자료 전처리

| 데이터 품질 개선 | 내용 |
| --- | --- |
| 결측치 처리 | RAG 성능 향상을 위해 결측 데이터 N/A 처리를 통한 해당 제목, 문장제거 |
| 이상치 탐지 | RAG 성능에 영향을 주는 오탈자, 비속어 등 비식별 처리 진행 |
| 빈도수 처리 | 최빈단어 중심으로 필터 정리 |
| 문장 구조 분석 | 최빈단어 제목 중심 문장 구조 분석 및 유사 구조문서 쌍으로 처리 |

- 데이터 셋 품질 처리

표준화된 RAG 데이터 처리 방법의 부재로, 정제된 데이터 말뭉치를 전문가 및 사용자들을 통해 평가 진행(5점 척도)

정답데이터 제시 후, 답변에 대한 점수처리 진행. 점수처리 시 타당성 확보를 위해 전체상관 분석 후 크론바흐 알파값 4 이상 기준을 중심으로 관리

콘텐츠 개발

- 인공지능 서비스의 확산을 위하여 생성형을 활용하여 적용 가능한 업무 자동화 기능 구현을 위한 다양한 콘텐츠를 추가 개발하고자 합니다.

하나 더, 위 예시에서 상술되어 있듯이 기술개발을 위한 방법론을 순서대로 작성을 하여 완성합니다. 이때 기술개발을 위한 순서가 중요합니다. 순서대로 한 땀 한 땀 작성하는 것 매우 중요합니다.

## 2. 연구개발 방법

### 2-1 연구개발 개념 및 내용

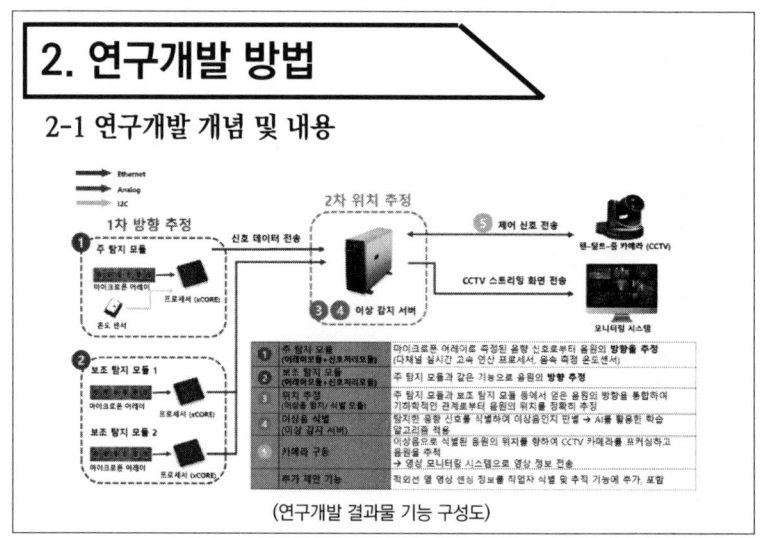

(연구개발 결과물 기능 구성도)

| 구분 | | 목표 |
|---|---|---|
| 기술개발 최종 목표 | | '소음탐지, 구분, 분석, 위치추정' 엣지 단말 장치 및 MLops기반 맞춤형 AI고도화가 가능한 시스템 개발 |
| 구분 | 1차년 | 소음 측정을 위한 하드웨어 개발(프로토타입)<br>이상탐지 데이터 기반 카메라 제어 장치 개발(프로토타입)<br>위치 추정 신호처리 모듈 개발<br>이상음 탐지 식별 알고리즘 개발<br>기기운영을 위한 임베디드 SW 개발<br>엣지 컴퓨팅 구현을 위한 SW 개발 |
| | 2차년 | 소음 측정을 위한 원가절감형 하드웨어 개발(시제품)<br>이상탐지 데이터 기반 카메라 제어 장치 개발(시제품)<br>시제품 KC 인증 진행<br>소음 측정기, 카메라 일체화를 위한 디자인<br>시스템 운영을 위한 SW 통합화, 운영 최적화<br>알고리즘 고도화를 통한 정확도 향상 학습 진행<br>ML Ops 구축 시스템 개발<br>통합관제 플랫폼 개발<br>현장 실증 및 UI/UX 고도화 |

### 2-2 주요 연구개발 및 연차별 목표

주요 연구개발 내용

두 번째 예시에서도 첫 번째 예시와 마찬가지로 선행 연구 결과물을 먼저 제시했습니다. 하지만 형식은 조금 다른데 앞선 예시에서는 선행 연구 결과물을 직접 보여 준 것이고 두 번째 예시는 선행 연구를 간접적으로 제시를 한 것입니다. 이렇게 도식만 보고 평가위원은 '이미 일부 개발을 했네'라고 생각을 하게 됩니다.

## (1) 핵심사항

처음 작성하게 되면 어렵습니다. 당연히 어렵습니다. 더군다나 체계적으로 작성하는 것은 너무 어렵습니다. 체계적 작성이라 하면 연구개발의 모든 단계를 하나하나 순서대로 작성을 해야 합니다. 이때 어떤 단계는 과제가 끝날 때까지 계속해야 하고 또 어떤 단계는 다른 단계를 뛰어넘어 연구를 못 하는 단계도 있습니다. 이런 모든 것들을 순서대로 작성해야 하고 해당 순서가 종료되면 결과물을 제시해야 하며 연구 내용에 대해서 검증 가능한 방법과 검증 결과 또한 제시를 해야합니다. 더군다나 '2. 연구개발방법'은 원래 작성을 잘해야 하는 부분입니다. 이거 실수하면 바로 탈락입니다. 그래서 '2. 연구개발방법'은 다음과 같은 순서로 작성하시는 것을 강력하게 권장드립니다. 그냥 순서대로 '따라 하면' 됩니다.

| | |
|---|---|
| 1 | 최종결과물에 대해서 상상하게 만들기 |
| | → 과제명을 다시 보여 줘도 됨<br>→ 무조건 이미지를 만들어서 보여 줘야 함<br>→ 이미지가 프로세스 도식화도 나쁘지 않음<br>→ 선형연구 내용을 간접적 또는 직접적으로 보여 줘야 함<br>→ 개발하는 과정에 대한 상상이지, 편익에 대한 상상이 아님 |
| 2 | 표 형태로 연차별 목표 또는 개발 목표를 반드시 설명하기 |
| | → 표 형태로 정리를 하면, 개발 순서가 결정<br>→ 개발 순서가 결정되면 다음 내용은 담백하게 서술하면 됨<br>→ 처음부터 하나하나 만든다고 가정하고 최초 기획 단계부터 구성<br>→ 구성하고 난 다음 불필요한 것 제거하면서 순서 조정<br>→ 각 단계별 매우 세부적인 사항을 작성 |
| 3 | 기술개발 검증방법 제시하기 |
| | → 정량적, 정성적 항목으로 제시 |

선행 연구가 없는데? 하시는 분들이 계실 것인데, '3. 선행 연구'에서 무엇이 선행 연구인지 구체적으로 설명드리겠습니다.

## (2) 생성형 활용

기술개발에 대해 경험이 부족하신 분들은 생성형 인공지능을 활용하면 일부 기술개발 순서에 대해서 확인이 가능한데 저는 추천하지 않습니다. '생성형을 빌려' 작성이 된다 하여도 해당 내용을 충분히 인지하고 실제 경험하지 못하면, 요행으로 사업계획서가 통과되도 발표 시 탈락할 수 있으며 운이 좋게 최종 선정이 된다 하여도 실제 집행에는 매우 어려운 난관이 기다리고 있기에 기술자 없이 기술개발을 추천하지 않습니다. 다시 강조하면, 기술개발자 없는 상태에서 R&D는 불가능합니다.

기술개발을 위한 개발 순서를 위해 생성형 인공지능을 이용하면 주로 평이한 수준에서 결과물을 도출해 냅니다. 이러한 부분은 실제 연구개발을 전문으로 하는 평가위원 관점에서는 매우 평이하다 느끼게 되어 전문성을 의심받을 수도 있으니, 연구개발 방법을 작성 시에는 높은 수준에서의 기술성을 보여 줘야 합니다.

Input

생략

질문: 기술개발을 위한 단계별 순서 작성해 줘

Output

기술개발을 위한 단계별 순서를 다음과 같이 제안드립니다:

1. 기획 및 요구사항 분석
- 과제 목표 및 요구사항 상세 분석
- 핵심기능 정의 및 우선순위 설정
- 기술 아키텍처 설계

2. 데이터 수집 및 전처리
- RAG를 위한 관련 문서 및 데이터 수집
- 데이터 정제 및 전처리
- 데이터베이스 구축

생략

작성: 'AI:DRIVE' service base by AI: DRIVE Claude 3.5
with HBC RAG data 36cw, 2024. 1turn

Input

생략

질문: 기술개발을 위한 단계별 순서 작성해 줘

Output

기술개발을 위한 단계별 순서는 다음과 같습니다:

> 1. 초거대 인공지능 모델 기반의 경영업무 지원 생성형 ChatBot 구축 및 업무지원을 위한 콘텐츠 제작의 단계는
> - 초거대 인공지능 모델 및 챗봇 API 활용하여 기술개발 진행
> - RAG 기법을 통한 챗봇 시스템 구축
>
> 생략

작성: 'AI:DRIVE' service base by AI: DRIVE GPT4o with HBC RAG data 36cw, 2024. 1turn

위 예시를 보시면 GPT와 Claude3.5가 보여 주는 전형적인 특징들이 잘 묘사되었습니다. 이 두 개의 모델을 활용하여 기술개발 단계를 작성해도 좋습니다. 다만 거듭 말씀드리는 것이 생성형의 특성상 내가 제시한 것에서 크게 확장하지 않고 답변을 하기에 전문성은 부족할 수밖에 없습니다.

다음은 위 제시한 내용의 전체 내용입니다. (매번 답변은 다른 내용이 나옵니다.)

> Output
> 기술개발을 위한 단계별 순서는 다음과 같습니다:
>
> 1. 초거대 인공지능 모델 기반의 경영업무 지원 생성형 ChatBot 구축 및 업무지원을 위한 콘텐츠 제작의 단계는
> - 초거대 인공지능 모델 및 챗봇 API 활용하여 기술개발 진행
> - RAG 기법을 통한 챗봇 시스템 구축
> - LANG CHAIN 라이브러리의 한계인 높은 토큰 비용 발생 및 쿼리 처리 지연 해결을 위한 최적화 시스템 개발

2. 핵심기능을 바탕으로 개발 과정을 세부화하면
- 검색증강: 첨부 문서를 활용하여 객관성과 최신성 유지, 환각 현상 최소화
- 멀티 LLM: 초거대 언어모델 3종 동시 사용 가능하도록 개발
- 토큰 최적화: 사용자별 반복질문에 대한 미리 저장한 답변으로 토큰 비용 최소화
- 특정과업서비스: RAG문서 고도화 편집하여 특정과업에 최적화하고 데이터 생성 가능하도록 개발
- 응용콘텐츠: 초보자도 이용 가능한 응용콘텐츠 개발로 RAG 기능 고도화

에서 초거대 인공지능 모델 및 챗봇 API 활용하여 기술개발 진행 부분을 기술적 관점에서 전문가처럼 작성해 줘

Output
초거대 인공지능 모델과 챗봇 API를 활용한 기술개발은 다음과 같은 단계로 진행됩니다:

1. 적합한 초거대 AI 모델 선정: GPT-3, BERT, T5 등 다양한 초거대 언어 모델 중 목적에 맞는 모델을 선택합니다. 모델의 성능, 특성, 라이센스 등을 고려해야 합니다.

2. 챗봇 API 통합: 선택한 AI 모델과 연동할 수 있는 챗봇 API를 선정하고 통합합니다. RESTful API 기반으로 설계하여 확장성을 확보합니다.

3. 도메인 특화 파인튜닝: 선택한 AI 모델을 특정 도메인(예: 인사 관리)에 맞게 파인튜닝합니다. 도메인 특화 데이터셋을 구축하고 전이학습을 수행합니다.

4. 프롬프트 엔지니어링: 챗봇의 응답 품질을 높이기 위해 효과적인 프롬프트를 설계합니다. 다양한 프롬프트 템플릿을 테스트하고 최적화합니다.

5. 컨텍스트 관리: 대화의 맥락을 유지하기 위한 컨텍스트 관리 로직을 구현합니다. 대화 기록을 효율적으로 저장하고 참조하는 메커니즘을 개발합니다.

6. 응답 생성 및 후처리: AI 모델이 생성한 응답을 필터링하고 정제하는 후처리 로직을 구현합니다. 부적절한 내용 제거, 포맷팅 등을 수행합니다.

7. 성능 최적화: 응답 시간 단축을 위해 모델 경량화, 캐싱 등의 기법을 적용합니다. 필요시 분산 처리 아키텍처를 도입합니다.

8. 모니터링 및 개선: 챗봇의 성능을 지속적으로 모니터링하고, 사용자 피드백을 수집하여 모델과 시스템을 개선합니다.

작성: 'AI:DRIVE' service base by AI: DRIVE Claude 3.5
with HBC RAG data 36cw, 2024. 1turn

기술개발 영역에서는 GPT4o보다 Claude3.5가 더 높은 수준으로 제시를 해 줬습니다.

위 답변을 보면, 나름 전문적인 내용들을 열거하였습니다. 하지만 3번, 8번의 경우 불필요한 내용이며 API 활용에 대해 이야기를 해야 하는데 챗봇의 구체화 방법보다는 일반적인 것들, 주로 RAG의 성능을 고도화하는 방법으로만 제시를 하였습니다.

제가 컨설팅을 할 때 '2. 연구개발 방법'은 반드시 협업으로 작성을 합니다. 이유는 단순하게도 제가 모든 기술을 다 알고 있지는 않기 때문에 그렇습니다. 엔지니어와 협업으로 작성을 하게 되며 엔지니어로부터 수집한 정보를 추가 스터디 또는 사전 지식을 도입하여 작성 완료합니다.

샘플 사업계획서를 보면, 데이터를 어떤 방법으로 추가 확보할 것인지, 아직 개발이 안 된 부분은 어떤 부분인데, 이런 것들을 어떤 식으로 개발을 할 것인지, 데이터 처리는 어찌할 것인지 매우 구체적으로 작성되어 있으니 참조하시어 작성하시면 좋겠습니다.

## 정량적 목표 작성

정량적 목표를 작성하기가 생각보다 어렵습니다. 저 역시 항상 고민하고 수정을 반복하는 부분입니다. 그렇게 수정 반복 그리고 고민을 하는 이유는, 정량적 항목을 작성하면서 세계 최고 수준으로 작성을 해야 하는데, 세계 최고 수준에 다가갈 자신은 없기 때문입니다.

하지만, 기술개발을 함에 있어 세계 최고 수준이 되지 않는다면, "조금 어렵다"라는 말씀을 드립니다.

그럼 정량적 평가표 작성하는 방법을 말씀드립니다. 시스템상 전산에 입력을 해야 하는 항목이기도 합니다. 전산에 입력을 하다 보니, 전산의 양식을 이용해서 '본문=사업계획서'에 작성을 해야 하는데, 아래 양식을 확정적으로 하셔서 작성하시는 것을 권장합니다. 양식은 참조 파일에 있으니 그대로 복사해서 사용하십시오.

## ○ 기술개발 정량적 목표[성능지표 및 평가방법]

| 평가 항목 (주요성능1) | 단위 | 전체 항목에서 차지하는 비중2(%) | 세계 최고 수준 보유국/보유 기관 성능수준 | 연구개발 전 국내 수준 성능수준 | 연구개발 목표치 개발완료 후 | 목표 설정 근거 |
|---|---|---|---|---|---|---|
| 응용서비스 구현 | 건 | 30% | 미국/AWS 3건 | 코나나 테크놀러지 3건 | 3건 | 공인 시험평가 |
| 서비스 내 기능 구현 | 건 | 30% | 5 이상 | 5 이상 | 5 이상 | 공인 시험평가 |
| 정확성 | % | 20% | 95% 이상 미국/OpenAI | 95% 이상 | 95% 이상 | 공인 시험평가 |
| 재현율 | % | 5% | 80% 이상 미국/OpenAI | 80% 이상 | 80% 이상 | 공인 시험평가 |
| 사용자 만족도 | % | 5% | 90% 이상 | 90% 이상 | 90% 이상 | 공인 시험평가 |
| 서비스별 데이터확보 | 건 | 10% | 사용자 제시 | 사용자 제시 | 각 3건 이상 | |

○ **기술개발 정량적 목표[성능지표 및 평가방법]**

| 순번 | 평가항목(성능지표) | 평가방법 | 평가환경 |
|---|---|---|---|
| 1 | 응용서비스 구현 | 최종 개발한 서비스의 퍼블리싱 및 구현<br>3개 이상 개발 구현 | 콜라스 기관 시험환경 |
| 2 | 서비스 내 기능 구현 | 각 구현 서비스별 사용자 기능 구현<br>서비스별 5개 이상 기능 구현 | |
| 3 | 정확성 | 질문과 예상답변 구현 이후<br>질문 후 결과답변 비교 분석<br>N-gram등을 활용하여 문장 유사도 확인 | |
| 4 | 재현율 | 질문과 예상답변 구현 이후<br>동일 질문에 대한 결과답변 비교 분석<br>N-gram등을 활용하여 문장 유사도 확인 | |
| 5 | 사용자 만족도 | 사용자 만족도 조사 90% 이상 긍정반응 평가 | |
| 6 | 서비스별 데이터 확보 | 응용서비스별 자체 확보 데이터 제시<br>데이터 순수성, 데이터 권리제시<br>서비스별 3종 이상 | |

○ **기술개발 정성적 항목**

특허 02건

정성적 항목 작성이 조금 성의 없이 작성된 사례입니다.

정성적 항목은 아래와 같이 작성하시는 것이 좀 더 바람직합니다.

○ **기술개발 정성적 항목**

특허 02건

| 출원명 | 내용 | 출원일 |
|---|---|---|
| 출원명을 작성합니다. | 특허에 대한 내용 | 예상되는 출원일자 |
| 출원명을 작성합니다. | 특허에 대한 내용 | 예상되는 출원일자 |

저작권 등록 02건

| 저작권명 | 내용 | 출원일 |
|---|---|---|
| 저작권 이름 | 특허에 대한 내용 | 예상되는 출원일자 |
| 저작권 이름 | 특허에 대한 내용 | 예상되는 출원일자 |

특허출원, 신규고용, 목표 매출액, 논문 발표 수

□ 성능지표 및 측정방법
(1) 결과물의 성능지표

| 평가 항목<br>(주요성능) | 단위 | 전체 항목에서 차지하는 비중(%) | 세계 최고 수준 보유국/보유 기관<br><br>성능수준 | 연구개발 전 국내 수준<br><br>성능수준 | 연구개발 목표치 | | 목표 설정 근거 |
|---|---|---|---|---|---|---|---|
| | | | | | 1단계<br>(23~24) | 2단계<br>(24~25) | |
| 소음 구분수 | ea | 20% | 미국/<br>SONYC<br>5ea | - | 3 | 5종 이상 | 최고 수준 |
| 소음식별성능 | % | 25% | 미국/<br>Honeywell<br>70% | 70% | 70% | 75% | 최고 수준 |
| 소음원 위치 추정 오차 | m | 25% | - | - | | | 최고 수준 |
| Edge컴퓨팅 처리속도 | ea | 10% | 미국 GE 구현가능 | - | 처리속도<br>5sec | 처리속도<br>3sec | - |
| 음원 탐지 성능 @ 마이크로폰 어레이 모듈<br>(각도 분해능) | deg | 10% | 미국/<br>Honeywell<br>20 | - | 20 | 20 | 최고 수준 |
| ML Ops | ea | 5% | - | - | Level 0 | Level 1 | - |
| 제품크기 | ea | 5% | - | - | - | 300x200x30 미만 | - |

## (2) 평가방법 및 평가환경

| 순번 | 평가항목<br>(성능지표) | 평가방법 | 평가환경 |
|---|---|---|---|
| 1 | 소음 구분수 | 소음 구분 숫자 평가 5개 명시 2륜차(소형엔진), 대형엔진 (대형차 미만), 경적음, 공사소음(함마드릴), 비명소리<br><br>시료 10sec 기준 50개 투입 후 평가 | IEC 또는 평가기관 환경 기준 |
| 2 | 소음식별성능 | 작업자의 작업음을 비롯하여 작업환경 내 다양한 음원의 음신호를 녹음하여 음원 신호 식별 프로그램에서 식별하고 식별률을 평가함.<br>실제 작업환경과 유사한 실험 공간에서 3개의 마이크로폰 모듈을 설치하고 중앙 부분에 위치한 작업자의 작업음과 다른 종류의 소음을 수회 측정하며 식별하고 식별률을 평가함. (실적용 평가)<br>시료 10sec 기준 50개 투입 후 평가 | IEC 또는 평가기관 환경 기준 |
| 3 | 소음원 위치 추정 오차 | 시제작한 마이크로폰 어레이 모듈의 빔 패턴을 실험적으로 얻어서 빔의 HPBW를 계산하여 평가함.<br>실제 작업환경과 유사한 실험 공간에서 3개의 마이크로폰 모듈을 설치하고 중앙 부분에 위치한 작업자의 위치를 수회 측정하며 추정하고 분산 오차를 평가함.<br>다양한 측정 조건과 위치에서 측정하고 추정 위치 분산도를 평가함. | IEC 또는 평가기관 환경 기준 |
| 4 | Edge컴퓨팅 처리속도 | 10sec 음원 기준 Edge 단말단에서 음원식별 처리 속도 | IEC 또는 평가기관 환경 기준 |
| 5 | 음원 탐지 성능 @ 마이크로폰 어레이 모듈 (각도 분해능) | 시제작한 마이크로폰 어레이 모듈의 빔 패턴을 실험적으로 얻어서 빔의 HPBW를 계산하여 평가함.<br>잘 정의된 측정 공간에 마이크로폰 어레이 모듈을 설치하고, 평면파 전파 가정이 성립하도록 충분히 먼 거리에 단일 음원을 고정하여 빔 패턴을 측정함. 각도 조정을 위하여 마이크로폰 어레이에 회전 구조물과 각도 측정기를 고정 설치함. 음원의 주파수는 1kHz, 음압레벨은 마이크로폰 측정 신호에서 잡음대비 40dB 이상으로 하며 무지향성을 가져야 함. | IEC 또는 평가기관 환경 기준 |
| 6 | ML Ops | 구글에서 정의한 ML Ops의 Level에 부합하는 특징으로 개발되어 있고, 각각의 특징 기능들이 Pipeline을 통해 유기적으로 동작되는 과정을 평가함. | 기능구현 확인, 평가기관 환경 기준 |
| 7 | 제품크기 | 300x200x30 미만 | 외부기관 확인 |

> 평가기관은 공인기관 또는 KOLAS 시험기관으로 외부기관에서 진행

두 번째 예시는 정성적 항목이 없습니다.

하나는 정성적 목표가 있고 하나는 정성적 목표가 없는데 이 차이는 기획자의 의지와 일치합니다. 만약 정성적 목표가 없다면 그것으로도 문제없습니다. 다만, 일반적으로 정성적 목표는 일반적으로 들어갑니다. 보통 특허, 논문 등이 해당됩니다.

다음은 일반적으로 사용하는 평가 항목 지표입니다.

아마 아래 내용을 보아도 개발 기술에 최적화된 평가 항목은 없을 것입니다.

아래 내용은 중소벤처기업부에서 권장하는 영역이고 반드시 아래 조건으로 해야 할 필요는 없습니다. 정량적 달성 항목을 작성하되, 아래 예시를 참조하시고 업계에서 흔하게 사용되는 기준을 적용하는 것이 일반적입니다.

⟨ICT/SW 분야⟩

| 평가 항목<br>(주요성능) |
| --- |
| 평균 응답 시간 |
| 평균 소요 시간 |
| 평균 처리량 |
| 평균 프로세서 사용률 |
| 평균 메모리 사용률 |
| 사용자 엑세스 용량 |

## 〈기계분야〉

| Spec 명 | 단위 | Spec 명 | 단위 | Spec 명 | 단위 |
|---|---|---|---|---|---|
| 폐수유량 | m³/day | 배 기 | g/kw. hr | 회전정밀도 | µm |
| BOD | mg/ℓ | 오일압력 | Kg/cm² | 진 원 도 | µm |
| 탁 도 |  | 파종속도 | m/hr | 표면거칠기 | Rmax |
| 폐수배출량 | m³/day | 분 해 능 | m | 주축속도 | rpm |
| COD | mg/ℓ | 측정범위 | mm | 절삭속도 | m/min |
| 생산속도 | m/min | 측정속도 | m/sec | 절삭길이 | mm |
| 포장속도 | PCS/min | stroke | m/m | 이 송 량 | mm/rev |
| 공급속도 | PCS/min | 정 밀 도 | m/m | 토 오 크 | N. m |
| 신 장 률 | % | 공 압 | Kg/cm | 동 심 도 | µm |
| 누 설 량 | cm³/min | 작동전압 | V | 흔 들 림 | µm |
| 최고사용압력 | Kg/cm² | 소비전류 | mA | 가공시간 | min/EA |
| 응답시간 | sec | 작동속도 | m/sec | 급이송속도 | m/min |
| 유 속 | m/s | 작동온도 | 도 | 크 기 | mm |
| 소 음 | dB | 회 전 각 | 도 | 허용하중 | kg |
| 조항각도 | 도 | 토 크 | kgf. m | 최소설정이송량 | mm |
| 작 동 력 | kgf | 정격유량 | l/min | 위치결정정도 | mm |
| 회전속도 | rpm | 최고사요압력 | kgf/cm² | 반복정도 | mm |
| 출 력 | ps/rpm | 중 량 | kgf | 분 할 각 | 도° |
| 연료 소비율 | g/ps. hr | 직 각 도 | µm | 공구보유수 | EA |
| 평 행 도 | µm | 이송오차 | µm |  |  |

## 〈금속분야〉

| Spec 명 | 단위 | Spec 명 | 단위 | Spec 명 | 단위 |
|---|---|---|---|---|---|
| 인장감도 | MPa | 용 착 량 | δ/min | 용접속도 | m/mm |
| 항복강도 | MPa | 고온강도 | kgf/mm² | 입 자 | µm |
| 경 도 | Hv | 피로강도 | MPa | 순 도 | % |
| 연 신 율 | % | 정 밀 도 | mm | 내구성 |  |
| 밀 도 | g/cm³ | 통 기 도 |  | Sppatter발생량 | g/min |
| 생산성향상 | 개/cycle | 표면조도 |  |  | g/min |
| 주입속도 | mm/sec | 내 열 성 | ℃ | Fume발생량 | % |
| 열전도도 | W/m. k | 내마모성 | g/mm² | 용착효율 | sec/m |
| 전기전도도 | m/Ω · mm² | 내충격성 | kg/mm² | Slag 박리성 | % |
| 회 수 율 | % | 저온강도 | kg/mm² | 불순물 함량 |  |
| 송 급 성 | m/Min | 성능평가 |  | 압출비 | m/min |
| 열팽창계수 | 10-6/k | 가스발생량 |  | 압출속도 | GPa |
| 내식성 | g/mm² |  |  | 탄성률 |  |

〈섬유분야〉

| Spec 명 | 단 위 | Spec 명 | 단 위 | Spec 명 | 단 위 |
|---|---|---|---|---|---|
| 방사속도 | m/min | 데니어 | denier | 흡수율 | % |
| 방사량 | ton/day(kg/horu) | 강도 | g/d | 사속(초속) | m/min |
| 인장강도 | kgf/㎟ | 밀도 | g/㎤ | 견뢰도 | 급 |
| 연신율 | % | LOI | | 꼬임수 | Tn |
| 신 도 | % | 여과효율 | % | 통기도 | CC/㎟ |
| 압력손실 | % | YPM | | | |

〈화공분야〉

| Spec 명 | 단 위 | Spec 명 | 단 위 | Spec 명 | 단 위 |
|---|---|---|---|---|---|
| 순 도 | % | 반응도 | % | P H | |
| 수 율 | % | 회수율 | % | 비 중 | |
| 중합도(DP) | | 점화율 | % | 밀 도 | g/㎤ |
| 아민가 | % | 분자량 | g/mol | 점 도 | cps |
| 애 가 | % | 고형분압량 | wt% | 유리전이온도 | ℃ |
| 역 가 | | 저장안정성 | rodnif | | |

〈전자분야〉

| Spec 명 | 평가기준 및 단위 |
|---|---|
| Frequency Range | 2 GHZ |
| Output Power | ≥ 0 dBm |
| Supply Voltage | 3. 0 Volts |
| C/N Ratio | ≥ 105 dBc |
| S/N Ratio | ≥ 50 dB |
| Spurious Level | 20 dBc Max |
| Package | SMD TYPE |
| Substrate | Ceramic |
| Size | 0. 13cc |
| Operation Temperature | -30 ~ +80℃ |
| Output Impedance | 50Ω |
| Tuning Voltage | 0. 5 ~ 2. 3V |
| Current Consumption | 6mA 이하 |
| Puling Figure | 300kHz 이하 |
| Pushing Figure | 300kHz 이하 |
| Temperature Stability | ≤ 2 MHz |

# 9.
# 실전 사업계획서 작성
# ③ 선행 연구개발

## '3. 선행 연구개발' 작성하기 ★★★★☆

'선행 연구개발'이라 하고 개발 가능성에 대해서 확실하게 주장하겠습니다.

선행 연구개발 내용이므로 당연하게도 주장하는 기술개발과 직접 관련 있는 내용들로 작성해야 합니다. 이때, 먼저 정부 R&D를 한 내용이 들어가도 되고 정부 R&D 내용이 있다면 반드시 제시해야 합니다. '반드시 제시'라는 부분을 구체적으로 말씀드리면

중복 지원을 방지하기 위하여 과제를 제출하면서 너 스스로 앞서서 지원받은 과제와 '무엇이 다르고 무엇이 유사해서 무엇을 활용할 것인가'에 대해서 작성하는 것입니다. 하지만 저는 이런 내용은 크게 중

요하지 않다 생각합니다. 기본적으로 '중복 지원'은 안 됩니다. 그리고 평가위원이 그렇게 허술하지 않습니다. NTIS 사이트 들어가서 기업명, 과제명, 총괄책임자 등을 넣고 검색을 하면 바로 나옵니다. 중복 지원인지 아닌지 그리고 과제를 평가하면서 보는 평가를 지원 시스템상 기업 중심으로 선행 과제 내용이 나옵니다. 이때 평가위원이 고민하는 것은 앞선 내용과 얼마나 중복이 되느냐 안 되느냐를 확인하고 중복이 된다면, 적당하게 말을 둘러대며 평가 제외를 합니다. 이때 '중복 지원과제'라고 말을 못 합니다. 왜냐하면 중복인지 아닌지는 명확하게 '카피킬러' 같은 프로그램을 돌려서 사업계획서가 얼마나 유사한가를 확인해야 하는데, 프로그램을 돌려서 사업계획서 유사도가 높게 나와도 기관에서는 '동일한 과제다'라고 규정할 근거가 부족합니다. 그래서 '누가 봐도 중복과제'라면 에둘러 돌려서 표현을 합니다. 평가위원은 그렇게 호락호락하지 않습니다. 그래서 '3. 선행 연구개발'은 당연히 중복과제가 아니어야 하므로 앞선 정부 과제를 적당하게 제시하고 처음이라 하더라도 처음인 것을 제시하고, '내부적으로 진행한 선행 연구 내용'을 구체적으로 제시하고 설명하면서 어떤 부분을 추가 개발할 것인지를 작성합니다.

# (1) '3. 선행 연구개발' 작성하기

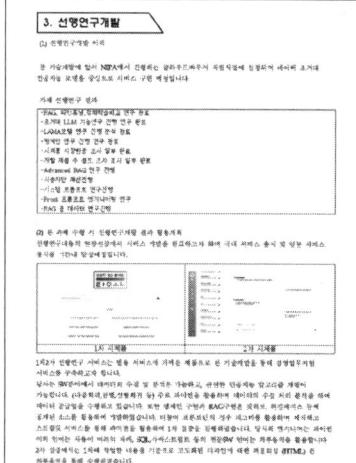

정부지원 선행개발 내용이 없습니다. 하지만, 다른 지원 사업을 일부러 언급하였습니다. 다른 내용은 내부적인 선행 연구 내용에 대해서 서술하였습니다.

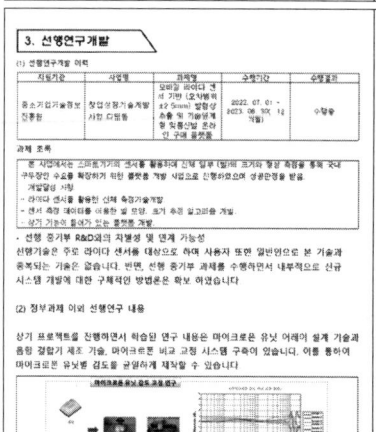

정부지원 선행개발 내용이 있어서 간단하게 설명하였습니다. 형태는 샘플을 보시고 그대로 복사 붙여넣기 하시고, 내용만 바꾸십시오.

# (2) 핵심사항

만약 선행 연구한 내용이 없으시면 '무엇을 적지?' 하고 혼란 서러울 수 있습니다. 하지만 가만 생각하면 이미 선행 연구를 많이 진행하셨습니다. 혹시 단 하나도 선행 연구를 하지 않으셨다면, 다음과 같이 실행해 보세요.

| | |
|---|---|
| 1 | 정부 과제 수행 내용 |
| | → 샘플 양식 그대로 복사해서 (없으시면 책 보고 그대로) 간략하게 표 형태로 제시 |
| 2 | 과제 초록 |
| | → 생성형 활용 |
| 3 | 선행 정부 과제와의 차별성 |
| | → 생성형 활용 |
| 4 | 내부 선행 과제 연구 내용 |
| | → 생성형 활용 |
| 5 | 선행 내부 연구 내용과의 차별성 |
| | → 생성형 활용 |
| 6 | 선행 내부 연구 내용과의 활용성 |
| | → 생성형 활용 |
| 7 | 특허 분석 |
| | → 작성 방법 참조 |
| 8 | 경쟁사 분석 |
| | → 작성 방법 참조 |

## (3) 생성형 활용

정부 과제 수행 내용은 양식을 그대로 복사해서 붙여 넣기 하시고 작성합니다. 제가 말씀드리는 '그냥 그대로 합니다' 부분은 생각하지 마시고 그냥 제언해 드리는 대로 하십시오.

과제 초록은, 수행하신 정부 과제 내용은 '기술 개요'를 그대로 복사하여서 생성형에 다음 문구를 포함하여 작성합니다.

---
Input
(선행 정부 과제 기술 개요 복사해서 붙여 넣기)

위 내용을 참조해서 '과제 초록' 작성해 줘
5줄 정도로 해 줘, 한 단락으로 해 줘

---

그냥 그대로 합니다.

선행정부 과제와의 차별성 역시 그대로 복사해서 붙여 넣기 하시고 작성합니다. 앞서서 생성된 '과제 초록'과 '공통 프롬프팅'을 이용하여 작성합니다.

---
Input
선행 과제와의 차별성 작성해 줘

선행 과제
(여기 과제 초록을 붙여 넣기 합니다.)

수행 과제
(여기 공통 프롬프팅 내용이 들어갑니다.)

---

그냥 그대로 합니다.

선행 연구 내용의 활용성 역시 그냥 그대로 복사해서 붙여 넣기 하시고 작성합니다.

이때는 먼저 작성하신 선행 과제 초록, 선행 과제와의 차별성, 공통 프롬프팅 모두 활용합니다.

```
Input
수행 과제에 대한 선행 과제 연구 내용 활용성 작성해 줘

선행 과제
(여기 과제 초록을 붙여 넣기 합니다.)

수행 과제
(여기 공통 프롬프팅 내용이 들어갑니다.)

선행 과제와의 차별성
(여기 생성한 선행 과제와의 차별성을 붙여 넣기 합니다.)

한 단락으로 작성해 줘
```

제가 글을 작성하면서 프롬프팅 검증을 매번 하는데, 너무 쉽고 간편합니다. 그냥 복사 붙여 넣기 하시면 상당 부분이 작성되어서 나오고, 작성된 내용을 사람이 마사지해서 넣으면 완성이 됩니다. 말 그대로 따라 하면 됩니다.

아래는 다른 사업 기획서를 기준으로 마지막 선행 연구 내용의 활용성 부분만 예시로 보여 드리겠습니다.

Input
선행 과제 연구 내용 활용성 작성해 줘

선행 과제
본 연구에서는 스마트팜 구현을 위한 하드웨어(HW) 및 소프트웨어(SW) 개발 과정을 다뤘다. HW 측면에서, 우리는 컨테이너 기반으로 스마트팜을 설계하고 내부 구성품을 확정하였다. 다양한 작황물의 성장 데이터를 확보하여 인공지능(AI)에 학습시키는 과정도 성공적으로 완료했다. 도심형 스마트팜 특성에 맞추어 다양한 설치 면적 요구를 충족할 수 있도록 모듈형 설계를 채택하였다.
생략

Output
선행 과제에서는 스마트팜을 구현하기 위한 하드웨어(HW)와 소프트웨어(SW) 개발 과정을 다뤘습니다.
중략

수행 과제는 선행 과제와 달리 자율주행 스마트팜 플랫폼을 위한 하드웨어와 소프트웨어 개발을 주요 결과물로 가지고 있습니다.
중략

이에 따라 선행 과제는 기존 스마트팜 기술을 활용하여 효율적이고 유연한 시스템을 구현하는 데 주력하였고,
생략

출처: 'AI:DRIVE' service base by AI: DRIVE GPT4o with HBC RAG data 36cw, 2024. 1turn

이 글을 처음 읽으시면 무엇인가? 하고 알쏭달쏭하십니다. 하지만 두 번째 읽으실 때는 읽기보다는 샘플을 다운받으셔서 혹은 위에 말씀드린 대로 그대로 텍스트로 만들어서 즉 프롬프팅을 작성하시고 RAG로 넣어 보십시오. 정말 기가 막히게 나옵니다. 이때 저희가 만든 'AI:DRIVE' 서비스를 이용하시면 좀 더 국채고가제답게 결과물을 제시합니다. 어렵지 않습니다. 그대로 따라 하면 됩니다.

**정부 과제가 아닌 자체적으로 개발한 내용이 있을 경우**

정부 과제를 처음 수행하게 되면 당연하게도 정부 과제 수행 내용을 작성하실 것이 없습니다. 이때 회사에는 정부 과제 수행 내용이 없지만 총괄책임자가 경험한 정부 과제를 작성하는 것은 일부 맞지만 추천드리지 않습니다. 그러니까 회사에서 수행한 내용 이외의 정부 과제 수행 내용은 작성하지 않습니다.

자체개발이라 하면, 사업을 준비하면서 조사한 시장상황 경쟁사 상황 그리고 일부 내부적으로 테스트해 본 것들을 기록하면 됩니다. 이때 작성하시는 것에 어려움을 같지 마시고 편하게 생각하시면 됩니다.

| |
|---|
| 자체 개발 내용 |
| 경쟁사분석 진행 |
| 특허조사 진행 |
| 특허출원 진행 |
| 기술개발 인력 충원 |

위 내용은 예시이며, 위와 같이 대략적으로라도 준비하셨던 내용을 담백하게 작성하고 난 이후 생성형을 이용하면 됩니다. 즉 위 프롬프팅에서 '과제 초록을 넣습니다.' 부분에 위에 그대로 드래그앤드롭 후 생성형을 활용하시면 됩니다. 자세한 것은 영상 참조 부탁드립니다.

### 선행 과제가 없는 경우

선행 연구 과제가 없는 경우는 존재하지 않습니다. 무조건 있어야 합니다. 진짜 단 하나도 선행 연구 내용이 없다 하면 과제를 안 하시는 것을 권장해 드립니다. 다시 말씀드리면 무조건 있어야 한다를 또 말씀드립니다.

| | |
|---|---|
| 4 | 내부 선행 과제 연구 내용 |
| | → 생성형 활용 |
| 5 | 선행 내부 연구 내용과의 차별성 |
| | → 생성형 활용 |
| 6 | 선행 내부 연구 내용과의 활용성 |
| | → 생성형 활용 |
| 7 | 특허 분석 |
| | → 작성 방법 참조 |
| 8 | 경쟁사 분석 |
| | → 작성 방법 참조 |

작성해야 하는 내용 중에서 1, 2, 3번을 제외하고 위 프롬프팅을 예시로 해서 작성하시면 됩니다.

## 특허 분석

특허 분석은 기술적 타당을 증명하기 위한 부분입니다. 특허 분석은 사업계획서 기본 양식에는 없는 내용입니다. 즉 제외해도 되는 부분이 특허 분석입니다. 하지만, 평가위원이 과제를 떨어트리기 위해서는 여러 가지 '민원 발생 거리'를 찾아서 그것을 피한 상태에서 평가 보고서를 작성합니다. 이때 주로 사용하는 것이 '기술개발 타당성과 방향은 우수하나 기술에 대한 권리 확인이 어렵다'라는 식으로 작성을 하거나 '기술적 진보성은 확인되나, 특허 분석 등 경쟁 기술 분석 부분에서 다소 미흡함'이라고 합니다. 특허 분석 파트에 대한 저의 생각은 '평가위원이 탈락시킬 명분을 최소화하자' 작전입니다. 그리고 정부 과제 선정과 상관없이 특허 분석을 하시면 실제 기술 개발하는 데 많은 도움이 됩니다.

특허 분석을 하는 방법은 어렵지 않습니다.

내가 도출한 핵심 키워드 중 우선순위 3순위 정도까지 결정한다.
키프리스 접속한다.
키워드를 넣고 검색을 한다.
도출된 검색 결과에서 최신성, 피인용수, 대기업 중심으로 선별한다.
이때 적합한 경쟁특허 선별은 개인적인 의견에 의해 선별한다.

이렇게 특허를 선별하고, 선별된 특허 모두의 출원 내역을 다운받습니다. 그리고 양식에 맞게 넣어 주면 끝납니다.

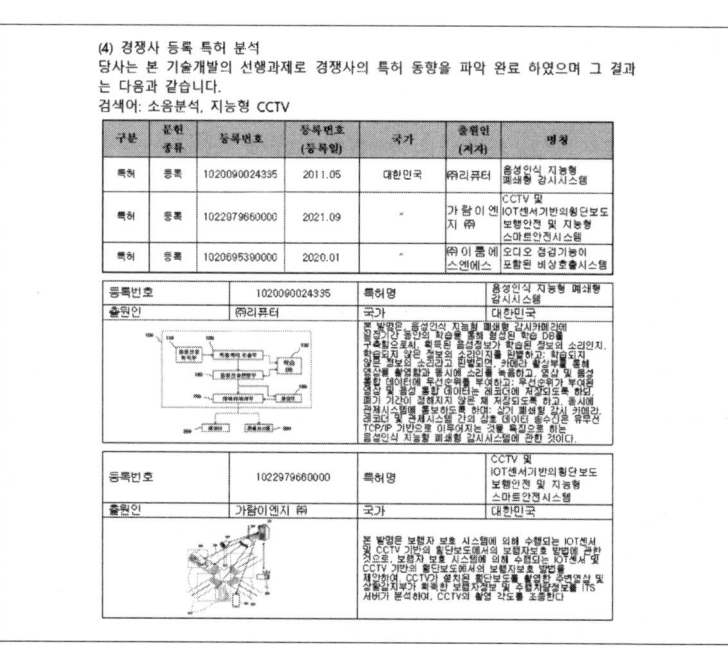

샘플을 확인하시고 다운받으셔서 활용하십시오. 문구도 그대로 사용해도 문제없습니다. 이때 검색하신 키워드는 달라야 하는 것은 상식입니다.

그다음으로 도출하신 특허를 5개 정도 작성을 합니다. 그냥 출원서 내용 그대로 복사 붙여 넣기 하면 됩니다. 이때 특허에 대한 설명은 출원 명세서의 초록입니다. 초록이 만약 긴 경우 작성자가 알아서 적절하게 줄여서 사용하면 됩니다.

특허를 찾아서 확인하시는 과정에서 개발하시려는 특허랑 비슷한 것도 분명 존재합니다. 그럼 그 특허는 경쟁 기술 또는 경쟁기업이 됩니다. 특허 출원서에서 힌트를 얻으셔서 웹에서 추가 검색을 해도 되고 특히 출원서 내용 중 '청구항'을 반드시 읽어 보십시오. 저처럼 매일 특허 보고 분석하는 사람이 아니라면 청구항을 보시고 난해하실 것입니다. 이해 안 가는 용어가 남발되니 말입니다. 하지만 어려워 마십시오. 청구항 전체를 긁어서 복사하시고 생성형에 붙여 넣기 하십시오.

---

Input
다음은 우리 기술과 유사한 기술 특허 문서야. 유사 기술에 대한 특허 분석해 줘.
우리 개발 기술: (여기 기술 개요 들어가면 됩니다. 조금 구체적이면 더 좋습니다. 공통 프롬프팅 전부를 넣어도 좋습니다.)

경쟁 기술 1 ○○○: (○○○은 경쟁 기술 보유 기관 또는 발명자 이름을 넣으시고 해당 특허 청구항 전부를 넣습니다. 이때 초록이 아닌 청구항 전부를 넣습니다.)

경쟁 기술 2 ○○○: (○○○은 경쟁 기술 보유 기관 또는 발명자 이름을 넣으시고 해당 특허 청구항 전부를 넣습니다. 이때 초록이 아닌 청구항 전부를 넣습니다.)

---

위와 같이 프롬프팅을 하시고 생성형(AI:DRIVE)을 통해 특허 분석을 시키면 정말 잘 분석해 줍니다. 물론 변리사 관점에서의 분석 수준

은 못 합니다. 절대로 못 합니다. 하지만 평가위원은 변리사가 아닙니다. 내가 대단하다 느끼면 평가위원도 대단하다 느낍니다. 이러한 과정을 직접 수행하시면서 경쟁 기술도 분석하시고 경쟁사도 추가 수집 하시는 것을 하실 수 있습니다.

특허 분석이 끝났으면 분석이 끝난 내용까지 포함해서 회피전략과 권리 확보를 작성합니다.

```
Input
(권리분석 했을 때 프롬프팅 내용 전부)

위 내용은 특허권리 분석 내용이야. 우리 기술을 중심으로 경쟁사 특허 회피전략 작성해 줘.
```

만약 출원하신 내용이 있으시면 당연히 출원하신 내용을 넣으셔야 합니다. 역시 등록하신 특허가 있으시면 그 내용을 넣어야 합니다. 우리가 출원한 등록한 특허에 대한 정리는 경쟁사 특허 분석과 동일한 형태의 양식을 이용해서 합니다. 이러한 내용은 표 처리하셔서 깔끔하게 뽑아도 됩니다.

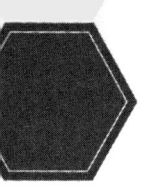

# 9.
# 실전 사업계획서 작성
# ④ 연구개발역량

## '4. 연구개발역량' 작성하기 ★★★☆☆

'4. 연구개발역량' 부분부터는 상대적으로 많이 가벼운 내용입니다. 가벼운 내용이라 말씀드리는 이유는, 먼저 1~3에서 모든 것을 다 말하고 강조를 해서 더 이상 강조할 내용도 없습니다. 두 번째로, 작성하시는 방법이 일종에 '형식'이 있습니다. 세 번째로, 창작하거나 연구하거나 하는 내용이 아닌 사실을 기록합니다.

'4. 연구개발역량' 가장 중요한 내용은 총괄책임자의 역량입니다. 그리고 총괄책임자가 과제를 수행함에 있어 참여 연구원들의 수행능력을 보는 부분입니다.

작성하는 요령은 따로 없습니다. 사실 그대로 적시하면 됩니다. 다만 이때 사실대로 하면 적을 내용이 부족할 것입니다. 하지만 걱정하지 마십시오. 다른 사람도 적을 게 없습니다.

## (1) '4. 연구개발역량' 작성하기

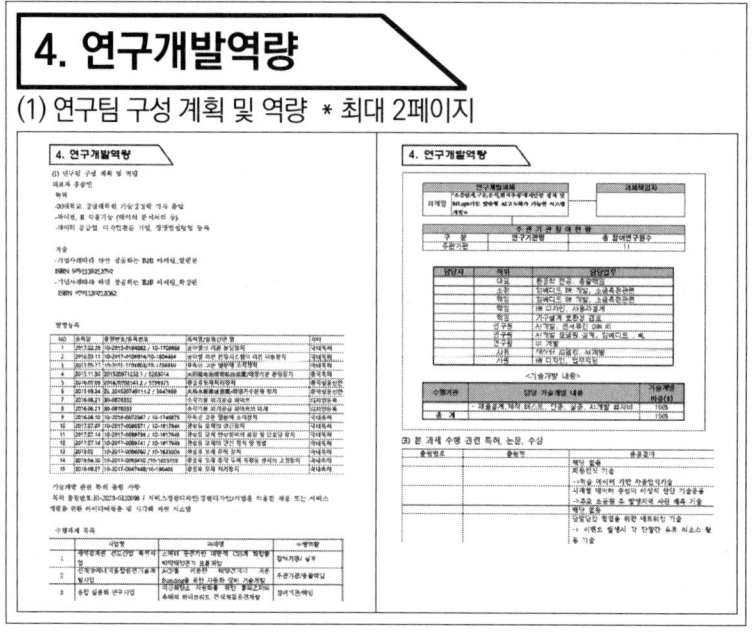

첨부드리는 사업계획서를 확인하시고 양식을 그대로 사용하십시오. 먼저 왼쪽은 강조할 내용이 특허 출원 사실입니다. 갑자기 개인 자랑입니다만, 특허 발명 등록을 20개 정도 했고 특허도 2개나 출원하였습니다. 하지만 이 글을 쓰는 시점까지도 아직 1저자로서의 논문이 없습니다. 그래서 제가 자랑 가능한 특허 목록 중심으로 연구개발에 대한 전문성을 보여 준 것입니다. 오른쪽의 경우 대표자가 환경학 전공인 것 말고는 없습니다. 그래서 테이블로 깔끔하게 정리한 것입니다. '4. 연구개발역량' 파트는 사실을 적시합니다. 이때 오른쪽 양식을 참조하실 때 '담당업무', '응용분야'같은 경우, 특히 담당업무는 적당하게 하면 됩니다.

## (2) 핵심사항

총괄책임자가 수행한 내용을 작성하실 때에는 현재 소속에서의 내용도 중요하지만 직전 소속에서의 내용이어도 문제없습니다. 정부과제는 '총괄책임자'의 역량이 매우 중요합니다. 그렇기에 수행하셨던 과업을 성실하게 작성합니다. 이때 만약 총괄책임자가 기술개발을 한 번도 경험해 본 적이 없다면, 사실 선정되기 어렵습니다. 정부개발 사업은 기술개발을 지원해 주는 것이지 사업화를 지원해 주는 게 아니기에 총괄책임자가 당연하게도 엔지니어여야 합니다. 엔지니어가 아니라면, 기술에 대해 정말 많이 알아야 합니다.

총괄책임자 또는 대표자의 수행능력을 보는 것 중 하나는 직전기업에서의 과제수행 내용 그리고 특허출원한 내용 학생시절 작성한 논문 등에 해당됩니다.

## (3) 생성형 활용

사실을 기록하는 것이라 생성형을 활용할 내용이 없습니다.

# 9.
# 실전 사업계획서 작성
# ⑤ 기술개발일정

## '5. 기술개발일정' 작성하기 ★★☆☆☆

'5. 기술개발일정' 작성 방법은 결정되어 있습니다. 양식을 보고 그대로 복사해서 사용하시면 됩니다. '4. 연구개발역량'과 같이 사실 중심으로 작성합니다. 이때 주의하실 것은 연구 내용에 대한 단계별 순서는 앞서서 작성한 '2. 연구개발 방법' 작성하신 내용을 참조하셔야 합니다. 작성하실 때 연구개발 방법에 적시하신 내용과 일치하거나 매우 유사한 내용을 작성해야 합니다. 어떠한 창작이나 무언가 잘해 보겠다고 내용을 추가하지 말고 그냥 그대로 하십시오. 평가위원들은 이 부분을 얼추 보고 넘어갑니다. 다만 이때 말도 안 되는 내용을 작성하신다면 그건 문제가 되겠지만, 그런 것이 아니라 앞에 내용을 그대로 작성한 것이라면 전혀 문제될 게 없습니다.

## (1) '5. 기술개발일정' 작성하기

첨부드리는 사업계획서를 확인하시고 양식을 그대로 사용하십시오. 그냥 그대로 하십시오. 잘하겠다는 본인의 생각, 의견 다 좋습니다. 하지만 여기서는 하지 마시고 '기술개발 기획' 단계에서 하십시오.

## (2) 핵심사항

세부기술 내용과 결과물을 명확하게 제시하시면 됩니다.
말도 안 되는 일정만 아니면 됩니다.

가장 보기 좋은 형태가 위의 예시에서처럼 간트 차트 형태이고 이러한 간트 차트 형태를 엑셀을 포함한 도구 말고 그냥 첨부드리는 사업계획서에서 차트를 그대로 복사해서 사용하시는 것을 추천드립니다. 저는 이 양식으로 10년간 사용하고 있는데 앞으로 10년 더 사용할 것이므로 그냥 이 양식을 사용하시는 것을 추천합니다.

이때 개발 일정 순서는 앞선 내용인 연구개발 방법에 열거 하신 개발 순서와 일치하면 더 보기 좋습니다.

### (3) 생성형 활용

사실을 기록하는 것이라 생성형을 활용할 내용이 없습니다.

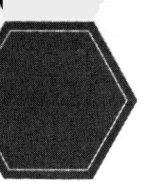

# 9.
# 실전 사업계획서 작성
# ⑥ 연구비 사용계획

## '6. 연구비 사용계획 등' ★★★☆☆

'6. 연구비사용계획' 작성 시 어려운 점은 사업비를 정확하게 맞추는 게 중요합니다. 하지만 처음 하시면 이게 여간 힘든 것이 아닙니다. 더하기 빼기인데 이게 어렵습니다. 그래서 제가 엑셀 파일을 공유드립니다. 엑셀 파일을 보시고 엑셀 파일을 설명드린 이후 엑셀 파일 내용을 한글에 붙여 넣기 하십시오. 그리고 앞선 것과 동일하게 양식이 이미 있습니다. 그냥 양식 그대로 하십시오. 이 양식은 중소벤처기업부 기술정보진흥원을 기준으로 하는 것이므로 산업기술평가원 등 다른 과제를 하실 때에는 사용하기 어렵습니다.

## (1) '6. 연구비 사용계획 등'

### 6. 연구비 사용계획 등

* 최대 2페이지

※ 정부지원금과 대응 자금(민간부담금)을 구분하되, 개괄적으로 작성

※ '2. 연구비 조달·유지계획'은 연구개발기관(주관, 공동, 위탁)이 재무 건전성(부채비율, 자본전액잠식 등) 완화 대상의 경우 작성

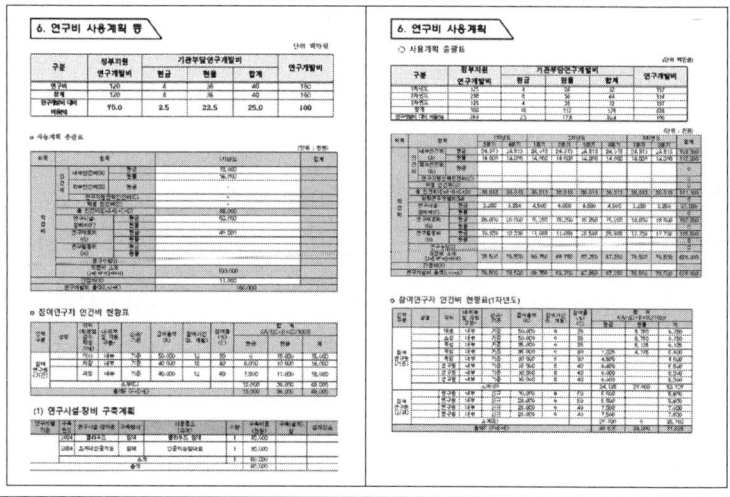

## (2) 핵심사항

작성하시는 순서는 총괄표를 작성하면서 시작합니다. 총괄표는 '공고문'에 있습니다. 그거 그냥 그대로 복사 붙여 넣기 하면 됩니다.

두 번째는 인건비부터 작성을 합니다.

세 번째는 기타 비용을 작성합니다.

네 번째는 재료비를 작성합니다.

위 순서대로 하셔야지 작성하기 편합니다. 이유는 인건비를 맞추다 보면 정확하게 일치하게 작성하기 어렵습니다. 소수점이 나오고 복잡해집니다. 그래서 인건비를 먼저 작성하시고 필요하신 부분, 소수점이 나올 수 있는 부분을 먼저 작성하시고 마지막에 남는 금액을 재료비에서 한 번에 작성하는 것입니다. 엑셀을 보면서 설명드리겠습니다.

| 1 | 총괄표 작성 공고문 복사 붙여 넣기 |
|---|---|
| 2 | 인건비 작성 |
| 3 | 기타 비용작성 |
| 4 | 재료비 작성 |

## (3) 생성형 활용

사실을 기록하는 것이라 생성형을 활용할 내용이 없습니다.

# 엑셀 파일 설명

엑셀 파일을 가지고 더하기 빼기를 할 수 있어야 합니다. 최소한의 함수식을 확인할 수 있어야 합니다. 그렇지 않으면 작성하지 못하니, 엑셀 함수식(사칙연산, 그리고 링크 따라가기)을 사용할 수 있는 분에게 시키셔야 합니다.

그리고 전산 입력과 사업계획서 내용이 다를 수 있습니다. 전산에는 사업계획서처럼 1차연도 2차연도가 아니라 1차연도 하나로 나올 수 있습니다. 2개년 과제라면 1차연도 2차연도 이렇게 두 개만 나옵니다. 하지만 사업계획서는 그렇지 않습니다. 전산에 입력하실 때에는 각 연차의 합계금액을 기입하시는 것입니다. 반면 사업계획서에는 연차를 하나하나 구분을 해야 합니다.

엑셀 파일은 1차연도 기준으로 하였습니다. 2차연도 과제를 하실 때 1차연도를 먼저 만드시고 그대로 복사해서 2차연도를 하시면 됩니다. 이때 2차연도가 되면 공고문 내용이 다르니 이 부분 확인하시어 적합하게 엑셀 파일을 수정하여 사용하셔야 합니다.

1) 공고문 내용을 그대로 복사 붙여 넣기

| 구분 | 정부지원 연구개발비 | 기관부담연구개발비 | | | 연구개발비 |
|---|---|---|---|---|---|
| | | 현금 | 현물 | 합계 | |
| 1차년도 | 60 | 2 | 18 | 20 | 80 |
| 2차년도 | 60 | 2 | 18 | 20 | 80 |
| 합계 | 120 | 4 | 36 | 40 | 160 |
| 연구개발비 대비 비율(%) | 75 | 2.5 | 22.5 | 25 | 100 |

생각하지 마시고 공고문 내용을 그대로 복사 붙여 넣기 하셔야 합니다. 이때 공고문마다 이 내용이 다를 수 있습니다. 그럼 공고문의 내용을 위 양식으로 작성하시길 바랍니다.

| 구분 | 정부지원 연구개발비 | 기관부담연구개발비 | | | 연구개발비 |
|---|---|---|---|---|---|
| | | 현금 | 현물 | 합계 | |
| 1차년도 | 60,000 | 2,000 | 18,000 | 20,000 | 80,000 |
| 2차년도 | 60,000 | 2,000 | 18,000 | 20,000 | 80,000 |
| 합계 | 120,000 | 4,000 | 36,000 | 40,000 | 160,000 |
| 연구개발비 대비 비율 (%) | 75 | 2.5 | 22.5 | 25 | 100 |

계산 확인을 위해 자동으로 천 단위로 변경됩니다. 사업계획서 본문에는 사용하지 않습니다.

| 인력 구분 | 성명 | 직위 (학생일 경우 학생 기재) | 급여총액 (A) | 참여기간 (B, 개월) | 참여율 (%) (C) | 합계 ((A/12)×B×(C/100)) | | |
|---|---|---|---|---|---|---|---|---|
| | | | | | | 현금 | 현물 | 계 |
| 참여 연구원 (기존) | 대표자 | | 50,000 | 6 | 72 | | 18,000 | 18,000 |
| | 연구원1 | | 50,000 | 6 | 20 | 5,000 | | 5,000 |
| | 연구원2 | | 40,000 | 6 | 20 | 4,000 | | 4,000 |
| | 연구원3 | | 40,000 | 6 | 20 | 4,000 | | 4,000 |
| | 연구원4 | | | | | - | | - |
| | 연구원5 | | | | | - | | - |
| | 소계(D) | | | | | 13,000 | 18,000 | 31,000 |
| 참여연구원 (신규) | 신규1 | | 28,000 | 6 | 50 | 7,000 | | 7,000 |
| | 신규2 | | 28,000 | 6 | 50 | 7,000 | | 7,000 |
| | | | | | | - | | - |
| | | | | | | - | | - |
| (신규) | 소계(E) | | | | | 14,000 | - | 14,000 |
| 총액F (F=D+E) | | | | | | 27,000 | 18,000 | 45,000 |

노란색 부분만 기입합니다. 양식에 한정되시지 마시고 엑셀 파일 기준으로 하십시오.

이때 대표자는 무조건 현물입니다. 대표자=총괄책임자입니다. 만약 대표자가 연구원이고 총괄이 다를 수도 있습니다. 그럼 둘 다 현물입니다. 엑셀 양식은 대표자 칸만 현물계산이고 나머지는 현금 계산입니다. 기업의 상황에 맞게 수정하여 사용하십시오. 이때 대표자라고 하고 진짜 대표자가 아니라 대표자의 이름이 들어가야 합니다. 연구원의 이름이 들어가야 합니다. 그리고 이건 전산에 입력되는 것과 일치해야 합니다.

인건비부터 하라고 말씀드리는 가장 큰 이유는 인건비를 계산하다 보면 참여율이 소수점이 나오는 경우가 종종 있습니다. 하지만 소수점은 전산 입력도 안 되므로 소수점이 나오면 안 됩니다. 그렇기에 하는 방법은 다음과 같습니다.

(1) 인건비 현물부터 세팅 완료합니다. 주로 대표자나 총괄책임자입니다. 이 현물로 사업비 전체 현물을 맞추십시오. 강제적으로 맞춥니다. 이때 대표자의 급여총액이 약간 달라도 됩니다. 크게 문제없습니다. 하지만 무조건 총괄책임자는 과제 참여율이 30%가 넘어야 합니다.

(2) 인건비를 계산하고 난 이후 나머지 비용이 재료비, 시설비, 연구 활동비입니다.

| 연구개발기관 | 구축연도 | 연구시설·장비명 | 구축방식* | 사용용도 (규격) | 수량 | 구축비용 (천원) |
|---|---|---|---|---|---|---|
| | 2XXXX | 시설1 | 임대 | | 1 | 2,500 |
| | | 시설2 | 임대 | | 1 | 250 |
| | | 시설3 | 임대 | | 1 | |
| | | 시설4 | 임대 | | 1 | |
| | | 시설5 | 임대 | | 1 | |
| | | 시설6 | 임대 | | 1 | |
| | 소계 | | | | | 2,750 |
| | 2XXXX | 시설1 | 임대 | | 1 | 2,500 |
| | | 시설2 | 임대 | | 2 | 250 |
| | | 시설3 | 임대 | | 2 | |
| | | 시설4 | 임대 | | 2 | |
| | | 시설5 | 임대 | | 1 | |
| | | 시설6 | 임대 | | 1 | |
| | 소계 | | | | | 2,750 |
| 총액 | | | | | | 11,000 |

시설비를 입력합니다.

| 연구개발기관 | 구매연도 | 연구재료 | 사용용도 | 구입량 (g) | 구매비용 (천원) |
|---|---|---|---|---|---|
| | | 재료1 | | | 3,000 |
| | | 재료2 | | | 3,000 |
| | | 재료3 | | | |
| | | 재료4 | | | |
| | | 재료5 | | | |
| | | 재료6 | | | |
| | | 재료7 | | | |
| | | 재료8 | | | |
| | | 재료9 | | | |
| | | 재료10 | 기타 | | 250 |
| | | 합계 | | | 6,250 |

재료비를 입력합니다. 이때 '기타'는 빼고 해야 합니다. 이유는 아래 설명드립니다.

기타를 빼고 해야 합니다. 그러니까 위에 표를 기준으로 지금 입력하는 것은 250을 빼고 6,000만 입력하는 것입니다.

재료 제작비를 입력합니다.

| 연구개발 기관 | 구매연도 | 연구재료제작 항목 | 사용용도 | 구매비용 (천원) | 제작기간 | 입고일 | 사용처 |
|---|---|---|---|---|---|---|---|
| | 1차연도 | 제작품1 | | 5,000 | | | |
| | 1차연도 | 제작품2 | | | | | |
| | 1차연도 | 제작품3 | | | | | |
| | 합계 | | | 5,000 | | | |
| | 2차연도 | 제작품1 | | 7,000 | | | |
| | 2차연도 | 제작품2 | | | | | |
| | 2차연도 | 제작품3 | | | | | |
| | 합계 | | | 7,000 | | | |

적합하게 잘 넣으시면 됩니다.

연구활동비를 입력합니다.

| 연구개발 기관 | 연도 | 용역명 | 용역내용 | 용역처 | 소요비용 (천원) | 용역기간 | 결과물 |
|---|---|---|---|---|---|---|---|
| | | 연구활동1 | | - | 10,000 | | |
| | | 연구활동2 | | - | 10,000 | | |
| | | 연구활동3 | | - | | | |
| | | 연구활동4 | | - | | | |

여기서 연구 활동비는 외주 용역입니다.

다음으로 외주용역을 제외한 연구활동비를 입력합니다.

| 연구개발기관 | 연도 | 명칭 (구분) | 방식 | 사용용도 (업체) | 수량 (건) | 소요비용 (천원) |
|---|---|---|---|---|---|---|
|  | 1차연도 | 특허비용 |  | 특허등록 |  |  |
|  |  | SW활용비 |  | 협업Tool외 |  |  |
|  |  | 전문가활용 |  | 음향,진동,기술,사업 |  |  |
|  |  | 연구지원 |  | 세미나,교육,특근 |  |  |
|  |  | 회의비 |  | 회의비 |  |  |
|  |  | 기타 |  | 기타활동 |  |  |
|  | 합계 |  |  |  |  | - |

제가 추천드리는 것은 외주용역을 제외한 연구활동은 하지 마십시오. 제 주장대로라면, '그럼 사무실 임차비는?' '그럼 차량운행비는?' '그럼 식대는?'하고 고민이 생기는데, 그거 다 신청하지 말라는 것입니다. 그거 신청해서 얼마 절약하시겠다고 신청을 하실는지요. 그거 아낀다고 부자 되지 않습니다. 그리고 또 그 비용이 부족해서 연구를 못 하시는 상황이라면, 그냥 회사를 접으시고 다른 곳에 취직하셔요. 그거 때문에 연구 못 하는 회사면, 그냥 취직하시는 게 인생을 사시는 데 크게 도움이 됩니다.

이렇게 입력을 하면 숫자가 맞지 않습니다. 이때는 인건비를 수정하시는 게 아니고 재료비, 연구활동비를 수정하십시오. 인건비를 수정해도 됩니다. 제가 인선비가 아닌 다른 비용을 수정라고 말씀드리는 이유는, 인건비 수정하다 보면 분명 소수점이 나옵니다. 그래서 하지 말라고 말씀드리는 것입니다.

  이렇게 비용을 수정하다 보면 도저히 계산 안 되는 천 원 단위가 나옵니다. 이건 아무리 노력해도 맞추기 어렵습니다.

  이걸 '재료비 파란색 기타'에 넣어서 금액을 강제적으로 조정하는 것입니다.

| 재료9 |  |  |  |
|---|---|---|---|
| 재료10 | 기타 |  | 250 |
| 합계 |  |  | 6,250 |

  이렇게 강제적으로 비용을 맞추지 않으면 계산하기 어렵습니다. 자세한 방법은 영상을 참조하시는 것도 나쁘지 않습니다.

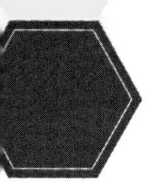

# 9.
# 실전 사업계획서 작성
# ⑦ 연구개발성과의 활용방안 및 기대효과

## '7. 연구개발성과의 활용방안 및 기대효과' ★★★★★

정부지원 연구 과제 사업계획서의 두 번째로 중요한 '연구개발성과의 활용방안 및 기대효과' 작성입니다. 두 번째로 중요한 부분입니다. '1. 기술개발 목표'에서 주장한 내용을 '2. 연구개발방법'에서 어떤 절차로 개발할지를 논리적으로 순서대로 설명을 하고, '7. 연구개발성과의 활용방안'에서 돈이 된다는 것을 보여 줘야 합니다.

평가위원들은 당연히 전문가입니다. 귀사에서 개발하고자 하는 기술은 웬만하면 다 알고 있습니다. 앞선 부분인 기술 설명에서, 기술적 우위에 대해서 아무리 주장해도 그것이 혁신적인 내용이 아니라면 경쟁 기술 대비 크게 차이가 없습니다. 즉 기술은 거기서 거기라는 것입니다(양자컴퓨터 등을 제외하고). 하지만 기술개발이다 보니 서류를 작성하면서 당연하게도 기술의 진보성에 대해서 설명을 강조해야 합니다. 기술성 부분을 작성하다 보면, 기술성을 강조하다 못해 전체적인 사업계획서 내용이 기술성으로 매몰되는 사업계획서를 매우 자주 보게 됩니다. 대부분 사업계획서가 그런 것 같습니다. 하지만, 귀사의 기술이 경쟁 기술과의 눈에 띄는 차별적 기술이 없다면, 그럼 평가위원들은 어떠한 기준과 근거로 귀사의 사업계획서가 그리고 귀사의 기술이 무엇이 진보적이고 혁신적이고 확장 가능한지를 판단할까요? 바로 사업화를 위한 준비, 그리고 방향성에서 강조해야 하지 않을까요?

평가위원들의 구성은 90% 이상이 엔지니어라고 판단합니다. 저 역시 경영 분야에 특화된 사업을 하고 있고 전공도 그렇지만 저는 '기술평가위원'으로 등록되었습니다. 즉 대부분 기술평가위원이라는 것을 말씀드리는 것입니다. 그럼 대부분의 평가위원들이 사업성을 평가할 때 '어떤 기준으로 할까?'를 생각해야 합니다. 하지만 제 경험상 기준이 없습니다. 기준이 없다기보다는 해당 기준이 허들이 너무 낮습니다. 이유는 앞서 말씀드린 대로 엔지니어는 사업화 모릅니다. 해당 업계에 오래 있었으니 그냥 사업화를 알고 있다고 스스로 착각하는 것이지 사업화 볼 줄 모릅니다. 하지만 평가위원들이 글을 읽었을 때,

'정말 사업화 준비를 많이 했구나'라고 느끼기 위해서는 어디선가 들어 본 듯한 내용을 매우 체계적으로 그리고 논리적으로 제시를 해야 하고 시각화를 동원해야 하고 그러한 논리에 사실 중심으로 증거를 제시해야 합니다. 즉 기술성 작성하는 것과 크게 차이 없습니다. 다만 주제가 '기술이냐 사업이냐'에서 차이가 나는 것뿐입니다. 이런 내용을 기반으로 다음은 기관에서 권장하는 '사업성 평가기준'에 대해서 알아보겠습니다.

'목표시장 분석의 정확성', '사업화 전략의 구체성', '사업화계획의 실현가능성'이러한 항목들은 평가기관마다 조금씩 다르지만, 이 내용을 관통하는 하나의 규칙이 있습니다. 바로 '수요처'입니다. 수요처가 없으면 안 되는 것입니다. 하지만 어디에도 수요처에 대해서 어떤 식으로 작성을 하라고 가이드를 주지는 않습니다.
저는 지금, 평가위원들이 '사업성 평가' 할 때 보는 기준에 대해서 말씀을 드리고 있습니다. 먼저 그들의 특성에 대해서 말씀드렸고 그리고 전체적으로 어떤 방향으로 가야 하는지도 말씀드렸으며 이것을 관통하는 규칙도 하나 제시해 드렸습니다. 한 페이지가 넘는 이 내용을 한 문장으로 제시를 하면 '기술성은 딱 보면 아는데 사업성은 아무리 봐도 모른다'입니다.

그래서 그냥 딱 보고 스스로 사업성평가를 잘한다고 착각을 들게 하기 위해서 구체적인 '수요처'를 제시해 주는 것이 가장 바람직합니다. 그럼 '수요처'가 없으면 '과제 개발이 어렵냐?'라는 질문에는 '예비창업' 과제 이외에는 사실상 어렵다고 말씀드립니다. 직접 수요처가 없더라도 수요가 예상되는 고객사 또는 고객들이 반드시 구체적으로 있어야 합니다.

보통 수요처에 대한 증빙은 '계약서, MOU, LOI'가 있습니다. 또는 'NDA'도 있는데 NDA는 계약을 하기 직전 단계에서 서로에 대한 비밀을 유지하기 위한 서류입니다. '비밀유지각서' 이런 서류들이 수요처에 대한 증빙 서류입니다. 수요처가 있는 상태에서 '사업화 목표와 전략'에 대해서 작성하겠습니다.

사업성 부분 작성이 엔지니어 분들은 다소 어려울 수 있으나, 다들 어려워합니다. 하지만 생성형을 활용하고 앞서서 작성한 '공통 프롬프팅'이 있으므로 크게 걱정 안 하셔도 됩니다. 따라 하면 성공합니다.

# 7. 연구개발성과의 활용방안 및 기대효과 (사업화 목표와 전략 등)

(1) 구체적인 사업화 목표  * 최대 1페이지

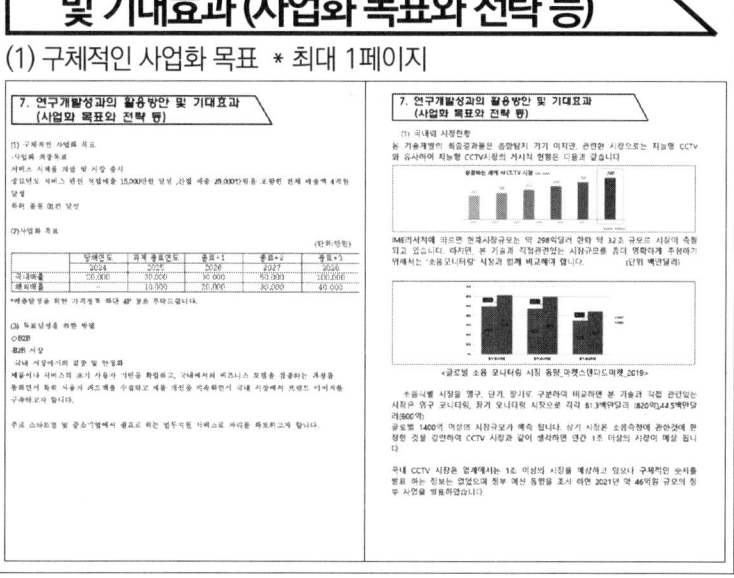

왼쪽 사업계획서는 B2B이지만 B2C에 가까운 사업이고 오른쪽 사업계획서는 전형적인 B2B 사업입니다. B2C이 경우 수요처(고객)를 미리 확정한다는 것이 사실 어렵습니다. 제공드리는 샘플을 통해 전체적으로 어떤 식으로 구성이 되었는지 맥락적으로 파악을 하셔야 작성이 용이합니다.

**핵심사항**

사업화 목표와 전략 부분에서는 다음 내용이 들어가야 합니다. 이 때 넣어야 할 내용이 많이 있습니다. 아래 내용을 전부 넣으셔도 되고 선별하여 넣으셔도 됩니다. 이때 반드시 있어야 하는 것은 거듭 강조 드리는 '수요처'에 대한 증빙입니다.

| 항목 | 주 작성 내용 및 작성 방법 |
|---|---|
| 시장 정보 자료 | 시장에 대한 전반적인 자료 |
| 수요처 목록 | 준비한 MOU 적용 |
| 정부 방향성 | 정부정책 문서를 활용하여 작성 |
| 거시 환경 분석 | PEST, STEEP 등을 이용한 거시환경 분석 |
| 미시 분석 | 프롬프팅 작성 |
| 목표 매출 | 목표 매출과 달성방법에 대한 구체성을 작성 |
| 수출 관련 내용 | KOTRA 자료 |
| 수요처 니즈 | 직접 작성 |
| 소비자(수요처)특징 | 직접 작성 |
| 스왓 분석 | 스왓 분석 진행 |
| 비즈니스 모델 | 9블럭(비즈니스 모델 캔버스) 사용 |
| 구체적 판매 제품 | 구체적 계획 |
| 경쟁사 대비 가격 우위 | 경쟁사 가격 정보, 경쟁사 정보 등 |
| 경쟁사 마케팅 전략 | 마케팅 전략 작성 |
| 시장 분석 자료 | 시장 분석 내용 작성 |
| 목표시장 분석 | 목표시장 분석 내용 작성 |
| 단계별 진입 전략 | 진입전략 작성 |
| 제품전략 | 제품전략 작성 |
| 가격 전략 | 가격 전략 작성 |
| 유통전략 | 유통전략 작성 |
| 홍보 전략 | 홍보 전략 작성 |
| 포지셔닝 전략 | 포지셔닝 전략 작성 |
| 진행한 내용 | 진행한 내용 |
| 사업화 목표 | 연도별 사업화 목표 |

### 시장 정보 자료

해당 분야의 전반적인 시장 정보 자료를 찾아야 합니다.

찾는 방법은, 구글링하시면 웬만한 정보가 다 나옵니다. 네이버에 검색하지 말고 구글링해야 합니다. 쉽게 찾는 방법이 있습니다. 순서대로 하면 됩니다.

---

선별한 키워드 중 가장 범용 키워드를 결정

결정한 키워드+시장규모를 입력

이때 한글도 좋지만, 영어로 하는 센스 발동

이미지 버튼 클릭

이미지 중심으로 가장 있어 보이는 것 선택

선택한 것들 중 가장 최신자료 중심으로 선별

해당 내용이 PDF면 다운로드 진행, 웹 문서라면 내용 가져와서 PDF 문서로 처리

생성형 일 시키기

---

(실행하는 방법은 영상을 참조하십시오.)

### 수요처 목록

받아 두신 MOU, 계약서 등을 스캔하여 이미지 첨부

B2C 개념이라면 이런 문서 처리가 어렵습니다. 그래서 사용하는 방법 중 가장 객관적인 방법은 와디즈 같은 펀딩 플랫폼을 이용하는 것입니다. 지금은 유행이 지났지만 한때 '목표 1200% 초과 달성'이라는 자극적인 문구를 홍보 자료로 사용했던 적이 있습니다. 물론 지금도 하고 있습니다. 이런 증빙자료를 제시합니다. 만약 펀딩 진행을

하지 않으셨다면, 임시라도 만드십시오. 임시로 만들라고 말씀드리는 것은 허구를 만들어서 거짓말을 하는 것이 아니라 우리가 서비스나 제품을 개발하면서 펀딩을 진행하면 홍보 측면과 기술 우수성을 증명할 가장 좋은 방법이기 때문입니다. 미리 이런 것을 준비하자는 것입니다.

(좌측 펀딩 페이지, 우측 펀딩 계획 예시)

### 정부 방향성

본래 정부 방향성이라 하면 거시환경 분석을 위한 자료로 국내뿐 아니라 주요 수출국에 대한 정보를 포함합니다. 대표적인 예시가 친환경에 관련한, 특히 '지속가능보고서'를 작성할 때는 주요 수출국 그리고 미래 수출국의 정부 방향성을 참조하여 작성해야 하고 준비해야 합니다. 하지만 정부개발 사업계획서에서는 한국의 방향성을 먼저 조사하시고 가능하면 주요 수출국의 거시 환경 정보를 추가로 수집하시는 것을 권장하여 드립니다.

먼저 정부 방향성을 찾는 방법은 정부관련 웹 사이트에서 자료를 다운받습니다.

정부 관련 웹 사이트는 보통 해당 분야에 대한 부처 사이트입니다. 예를 들어 과기정통부 홈페이지를 말씀드립니다. 또는 '정책정보포털 POINT'에서 검색해서 다운받으시면 됩니다. 역시 PDF 자료로 준비하셔야 합니다. 다른 생각 하지 마시고 검색창에서 그래도 타이핑하셔야 합니다. 위 사이트에서 적합한 정부정책 자료를 다운받으시고 난 이후 해외 자료를 다운받으셔야 합니다. 해외자료 역시 해당국가 정부정책 자료 홈페이지에서 다운받으시면 되지만, 그렇게 수고롭게 하실 필요 없고 그리고 또 그런 자료를 보통 해당 국가의 언어 또는 영어로 되어 있기에 한글 자료를 추천합니다. 한글 자료 찾는 방법은 검색 사이트에서 'kotra'를 검색하시면 됩니다. 역시 생각하지 말고 그대로 검색해서 국가 중심으로 적합한 자료를 다운받으시고 PDF화 합니다.

### 거시환경 분석

거시환경 분석을 명확하게 하기 위해서는 많은 자료가 필요합니다. 하지만 매우 정확하게 분석을 한다면, 기술개발과 사업을 하시는 데 크게 도움이 되지만 그러기에는 너무 전문가 영역이어서 쉽지가 않습니다. 이런 이유로 적합하고 적당하게 작성을 하여 말 그대로 '거시적' 측면에서 확인만 할 수 있게 준비합니다. 거시환경 분석을 작성하기 위해서는 선행해서 시장 정보 자료와 정부 방향성 서류가 있어야 합니다. 그리고 해당 기술에 대한 트렌드 분석 보고서가 있어야 합니다. 트렌드 분석 보고서를 찾는 방법은 해당 기술의 협회 또는 관련한 전문 서적을 참조해야 합니다. 또는 정부에서 발표하는 기술보고서도 해당됩니다. 기술보고서는 해당 기술이 있는 진흥원에서 주로 발간합니다. 예를 들면 '로봇산업진흥원', '환경산업진흥원' 등의 준 정부기관을 말합니다.

### 미시분석

미시분석은 우리 기업의 현재 입장을 기준으로 전체적인 시장트렌드와 함께 보는 분석입니다. 미시분석 역시 거시분석처럼 미리 준비하시면 과제를 준비하시면서 사업을 준비하시면서 많이 유리하나, 전문가 영역이어서 어렵습니다. 그래서 현재 기업의 재무적 상황, HR상황을 간단하게 작성하여 준비합니다.

---

재무적 상황: 기술개발 자금 3억 원 확보, 기술보증기금을 통해 10억 대출 확정
영업적 상황: 영업을 위해 고객사 확보 완료, 영업 인력 마케팅 인력 확충, 해외 영업 인력 확보 완료

---

> 대표자 의지: 전사적 개발을 위해 TF 결성 총괄 진행
> 시장지배력: 당장은 시장지배력이 없지만 마케팅을 통해 시장 확장 예정
> 내부 기술성 분석: 관련 특허 3종 확보, 2종 추가 진행, 산업대학교 기술자문 진행

위와 같이 간단하게 작성하면 됩니다.

미시분석은 이런 자료 이외에도 앞서서 준비하신 기술정보 자료, 시장 분석 자료를 포함해서 작성이 됩니다.

### 목표 매출

목표 매출은 매우 구체적으로 나와야 합니다. 이때 개발 종료 연도 또는 종료 연도 직후를 기준으로 작성하셔도 되고, 5개년 뒤에 목표를 작성하셔도 좋습니다. 목표 매출과 사업화 목표에서 제시하는 매출은 비슷하지만 다릅니다. 목표 매출은 구체적인 계획이 나와야 하는 것이고 사업화 목표에서 제시되는 매출은 목표 매출이 포함된 좀 더 큰 개념에서의 매출 목표입니다.

목표 매출을 달성하기 위한 구체적인 내용이 제시되어야 합니다. 예를 들어 몇 개를 얼마에 팔아서 달성한다는 내용이 매우 구체적으로 나와야 합니다. 다음 양식은 샘플 사업계획서에 있는 목표 매출 달성에 대한 작성 내용 예시입니다.

| 순위 | 수요처명 | 판매 가격/수요량(천 원) | 비중(%) |
|---|---|---|---|
| 1 | 시흥시 | 200천 원/6,000건 | 35% |
| 2 | 성동구청 | 200천 원/3,000건 | 18% |
| 3 | 강북구청 | 200천 원/3,000건 | 18% |
| 4 | 춘천시 | 200천 원/3,000건 | 18% |
| 5 | 청주시 | 200천 원/2,000건 | 11% |

| 가격 | 전략 |
|---|---|
| 기본 비용 | 능동형 CCTV 제품 20만 원 |
| 통합관제 시스템 | 기본 기능 10개 관제까지 무료, 이후 구간별 가격 결정 |

| 지자체 | 예상 매출 |
|---|---|
| 시흥시 | 능동형 CCTV 6,000개, 120,000만 원 |
| 성동구청 | 능동형 CCTV 3,000개, 60,000만 원 |
| 강북구청 | 능동형 CCTV 3,000개, 60,000만 원 |
| 춘천시 | 능동형 CCTV 3,000개, 60,000만 원 |
| 청주시 | 능동형 CCTV 2,000개, 40,000만 원 |

위와 같이 수요처가 구체적이지 않은 경우도 많습니다. 예를 들어 B2B 비즈니스에서 고객사가 특정되지 않았을 경우, '어떤 업을 하는 고객사'로 표현되기 때문입니다.

다음 예시를 보겠습니다.

> '○○년도 목표 매출 30억 원
>
> **목표 달성을 위한 구체적 방안**
>
> **10인 미만 소규모 사업장 마케팅 사무직을 대상으로 하는 서비스 제공**
> 서비스 목표: 경기권 남부 6,200개 사업장 32,000명 중 5% 확보 목표
> 32,000*5%*30,000원=4,800만 원(월)*12개월=5억 7천만 원
> 10인 미만 소규모 사업장 일반 사무직을 대상으로 하는 서비스 제공
> 서비스 목표: 경기권 남부 6,200개 사업장 301,000명 중 2% 확보 목표
> 301,000*2%*30,000원=18,060만 원(월)*12개월=21억 6천만 원
>
> **30인 미만 중소규모 사업장을 대상으로 하는 서비스 제공**
> 서비스 목표: 경기권 남부 6,200개 사업장 223,000명 중 1% 확보 목표
> 223,000*1%*30,000원=6,700만 원(월)*12개월= 5억 4천만 원
> 약 32.7억 원 예상 매출 중 30억 원 달성 목표
>
> 모집단 출처: 종소기업진흥공단, 중소기업 현황, 통계청 자료 편집

**수출 관련 내용**

수출 관련 내용은 선행조사하신 수출 관련 내용을 이야기합니다. 하지만 수출을 딱히 준비하지 않으셨다면 자료가 없을 건데 이때는 앞서 준비한 KOTRA 자료가 되겠습니다.

### 수요처 니즈

수요처 니즈, 소비자 니즈는 따로 특정되지 않았습니다. 수요처와 미팅하는 사진이 첨부하는 것을 권장합니다. 특히 수요처 상호가 나오게 사진을 찍으면 좋습니다. 만약 수요처 니즈에 대해 별도 조사하신 내용이 없으시면, 과제를 준비하시면서 담백하게 작성하시면 됩니다.

---

향후 고객사 사업고도화를 위해 이 서비스가 필요함
고객사 직원들에 데모 시연을 보여 준 결과 긍정적인 반응을 받음
UI/UX에 대한 개선을 요구받음
가격을 조금 인하하기를 요구함
데이터 준비 시 지원을 요청함

---

이런 식으로 수요처=소비자 니즈를 적당하고 짧게 작성합니다. 이제 생성형을 활용하여 문장을 완성하겠습니다.

### 수요처 특징

수요처의 니즈를 작성하시면서 수요처의 특징을 작성합니다. 수요처의 특징은 주로 수요처의 기업 규모, 직원 숫자, 유관 부서 등이 해당됩니다. 소비자로 가게 되면 소비자 성별, 나이, 지역 등이 해당됩니다.

아래 예시를 보고 간단하게 준비를 해 두시면 됩니다.

경기 남부권 중소기업을 대상으로
조직이 작아서 내부 인프라가 부족한 곳을 중심으로
인력 수급이 어려운 중소기업을 대상으로
초기에는 마케팅 중심 기업에서 제조업으로 향후 확장

위 예시를 기준으로 생성형 활용하여 작성합니다.

### 스왓 분석

스왓 분석을 작성하여 기록합니다. 아래 양식으로 진행이 되며, 자료가 준비되면 생성형을 활용하여 작성합니다.

| Strength(강점) | Weakness(약점) |
|---|---|
|  |  |
| Opportunity(기회) | Threat(위협) |
|  |  |

| 외부 환경 요인 | 구분 | 내부 환경 요인 ||
|---|---|---|---|
| | | 강점 | 약점 |
| | 기회 | 〈SO 전략〉 | 〈WO 전략〉 |
| | 위협 | 〈ST 전략〉 | 〈WT 전략〉 |

## 비즈니스 모델

자료가 준비되었으므로 생성형을 활용 하여 아래 양식층 채워 넣습니다.

| 핵심파트너 | 핵심활동 | 가치제안 | 고객관계 | 고객군 |
|---|---|---|---|---|
|  | 핵심자원 |  | 채널 |  |
| 비용구조 |||| 수익원 ||

## 구체적 판매 제품

사업화 작성에서 두 번째로 중요한 부분입니다. 제일 중요한 부분은 명확한 수요처이고 두 번째가 수요처에 판매할 제품에 대해서 명확하게 제시를 해야 합니다. 명확한 제시라 하면 다음 내용을 포함해서 추가적으로 준비하셔야 합니다.

### 제품명(서비스명), 제품 특징, 가격, 경쟁사 가격

자료를 준비하시고 아래 예시와 유사하게 작성을 합니다. 특별한 양식이 있는 것은 아니고 아래와 유사하게 작성하시면 됩니다.

| 구분 | 특성 | 비용 |
|------|------|------|
| 베이직 | - 기본적인 CCTV 영상 암호화 및 저장 기능 제공<br>- 기본적인 개인정보 비식별 처리 (얼굴 마스킹 등)<br>- 웹 기반 영상 반출 및 조회 기능 제공 | 월 3만 원 |
| 프로페셔널 | - 베이직 플랜의 모든 기능 포함<br>- 고급 개인정보 비식별 처리 (99.5% 이상의 검출률)<br>- 블록체인 기반 영상 위변조 방지 기능 제공 | 월 10만 원 |
| 엔터프라이즈 | - 프로페셔널 플랜의 모든 기능 포함<br>- 고성능 블록체인 네트워크 (1000 TPS 이상)<br>- 커스터마이즈 가능한 대시보드 및 리포팅 툴 | 월 50만 원 |

작성 시 특히 비용 중심으로 구체적으로 제시를 해야 합니다.

위 내용은 앞선 챕터에서처럼 마크다운 형태의 테이블로 만들어 두겠습니다.

### 경쟁사 대비 가격우위

경쟁사가 있어야 하고 경쟁사보다 무조건 가격이 저렴해야 합니다. 이때 하드웨어 제품이라면 개발 원가가 경쟁사보다 비쌀 수 있습니다. 그런 경우에는 경쟁사와 유사한 금액으로 해야 합니다. 최소한 유사한 비용으로 해야 하고 가급적 경쟁사보다 저렴한 가격을 결정합니다. 실제 판매하실 금액과 과제에서 제시하는 금액은 달라도 됩니다. 그러니 가급적 유사 또는 저렴한 비용을 책정하셔야 합니다. 아래예시 보시고 그대로 사용하시면 됩니다.

|  | 경쟁사A | 경쟁사B | 자사 |
|---|---|---|---|
| 제품명(서비스명) |  |  |  |
| 가격 |  |  |  |
| 특징 |  |  |  |
| 기타 |  |  |  |

### 단계별 진입전략

단계별 진입전략 부분은 간단하게 작성을 해 두셔야 합니다.

이 부분은 어려운 게 아니니 편하게 생각하시면 됩니다. 예를 들면 '1차연도 기존 고객사 판매하고, 2차연도 영업해서 개척하고 3차연도 수출해야겠다'라고 생각하시면

```
1단계: 기존 영업 중심의 판매 전략
2단계: 기존 판매전략 확장을 통한 사업 확대
3단계: 해외 시장 진출
```

이렇게 되는 것입니다. 그러므로 1차연도, 2차연도, 3차연도 이렇게 생각하신 것을 1단계, 2단계 3단계로 작성을 해 두시면 됩니다.

```
1단계: 기존 고객사
2단계: 신규 고객사 확장
3단계: 해외진출
```

이렇게 단계별 전략을 만드는 것이 어려우실 수도 있습니다. 충분

히 어려울 수 있습니다. 그럴 경우 정부 과제 하지 마시고 작은 단위를 도전하시거나 정부지원을 안 받으시는 것도 요령입니다.

### 제품전략

어떤 제품을 시장에 소개하고 향후 어떤 방향으로 후속개발을 할지를 정하는 부분입니다.

간단하게 한두 줄로 나타내셔도 되고, 길게 작성을 해도 좋습니다. 작성된 자료를 기준으로 생성형을 활용합니다.

### 유통전략

개발하시는 제품이나 서비스를 시장에 출시하고 고객사(소지자)까지 도착하는 모든 경로를 말합니다. 유통전략을 작성하기는 제법 어렵습니다. 개념적으로만 이해하시고, 생성형을 활용하여 작성하시는 것을 추천드리고, 생성형을 활용하여 작성 이후 간단하게 편집하시면 됩니다. 앞서서 작성하신 경쟁사 분석 내용을 그대로 가져오셔도 좋습니다.

|  | 경쟁사1 | 경쟁사2 | 경쟁사3 | 경쟁사4 | 경쟁사5 |
|---|---|---|---|---|---|
| 기업 이름 |  |  |  |  |  |
| 주요 서비스 |  |  |  |  |  |
| 주 고객 |  |  |  |  |  |
| 판매금액 |  |  |  |  |  |
| 유통구조 | 직접유통 | 대기업전속 | 온라인 | 오프라인 | 온오프라인 |

### 홍보 전략

기업이 당면한 매출 확보와 중장기적 판로개척을 위한 홍보 전략입니다.

홍보 전략이 수립되어 있다면 그 내용을 사용하겠습니다. 만약 준비가 안 되셨더라도 크게 문제없습니다.

### 포지셔닝 전략

포지셔닝 전략이란 시장 내에서 경쟁사와 비교하여 어떤 위치에서 사업을 진행하느냐를 다루게 됩니다. 포지셔닝 전략은 마케팅 전략이 수립된 이후 작성하게 되는 것으로 다소 난이도 있는 전략입니다. 수행방법을 알고 계신 분들은 작성을 하시면 좋습니다. 하지만 시각화 과정도 있어, 포지셔닝 전략은 본 책에서는 다루지 않겠습니다.

### 진행한 내용

앞서 제시한 펀딩 사실을 다시 보여 주거나 만약 안 하셨다면, 마케팅 강의 들으신 내용을 추가해도 좋습니다. 여기서 말하는 '마케팅 강의'는 민간에서 하는 것이 아닌 정부에서 하는 것입니다. 대표적인 것이 산업진흥원 또는 창업진흥원 등에서 진행하는 마케팅 강의가 있습니다. 추가로 전시회 등을 방문하실 때 미리 사진을 찍어 두면 나중에 활용 가능합니다. 실제로 그런 행위들이 마케팅과 시장확보를 위한 선행 연구에 해당됩니다.

## 사업화목표

연도별 목표 또는 시장 점유율 등을 나타내는 항목입니다. 앞서서 매출에 대해 제시를 하였기에, 양식에 맞추어 작성만 하면 됩니다.

(단위: 만 원)

|  | 당해연도 | 과제 종료 연도 | 종료+1 | 종료+2 | 종료+3 |
|---|---|---|---|---|---|
|  | 2024 | 2025 | 2026 | 2027 | 2028 |
| 국내매출 | 20,000 | 80,000 | 130,000 | 250,000 | 300,000 |
| 해외매출 | - | 10,000 | 20,000 | 30,000 | 40,000 |

이때 주의하셔야 할 것은 앞서서 작성한 매출액 작성 부분이 위 내용 중 하나와 일치해야 합니다. 앞서서 30억을 달성한다고 주장을 하였기에 종료+3년에 30억 달성을 설정하였습니다.

## 프롬프팅 확인

앞서서 준비한 내용을 프롬프팅한 결과는 다음과 같습니다. 우리는 이런 프롬프팅을 'USER PROMPTING', '유저 프롬프팅'이라 합니다.

아래 프롬프팅을 기준으로 조금씩 변경하여 사용하시면 됩니다. 아래 프롬프팅은 지금까지 사용한 '생성형 인공지능 서비스 개발'을 위한 사업계획서 프롬프팅입니다.

#역할설정
##너의 역할은 정부지원 사업계획서 작성 전문가야.
##특히 사업성 중심 작성 전문가야 객관적인 정보로 사실 중심으로 작성해야 해.
###역할에 적합하게 문서를 잘 생성해 주면 나에게 큰 도움이 돼. 꼭 역할에 충실하게 내 질문에 답변해 줘. 그럼 내가 보상을 해 줄게.

#다음 과제명을 참조해
##과제명: 다중 검색증강 기술을 활용한 멀티 LLM 기반의 경영업무 지원 생성형 ChatBot 구축 및 업무지원을 위한 콘텐츠 제작

#다음 키워드를 참조해
##키워드: 생성형, 인공지능, 도메인서비스, 업무지원서비스, 특정업무, 초거대언어모델 응용

#다음 과제 개요를 참조해
##과제 개요: 본 기술개발은 기보급되어 있는 초거대 인공지능 모델을 활용하여 특정과업을 위한 응용서비스 개발로 구체적으로 경영활동에 자주 사용하는 업무 지원을 위한 챗봇 시스템 구축입니다.
기술개발에 적용되는 초거대 인공지능 모델은 기개발 보급되어 있는 챗봇 API를 활용하고 어시스턴트 RAG 기법을 적용하여 개발하고자 합니다. 더불어 LANG CHAIN 라이브러리가 해결하지 못하는 RAG 빈도에 따른 높은 토큰 비용 발생과 그리고 앞선 쿼리 처리 시 발생하는 시간 지연을 해결하기 위한 최적화 시스템을 개발하고자 합니다.

기술개발 결과물인 인공지능 챗봇 기술의 확산 및 사업화를 위해 응용 이용 가능한 업무 콘텐츠를 개발하여 챗봇과 동시 보급하고자 합니다. 특히 국내 빠른 실증을 기반으로 생성형 인공지능 시장이 더 크고 더 활성화된 일본에 빠르게 서비스를 출시하여 수출실적을 확보하고자 합니다.

#다음 핵심기능 참조해
##핵심기능: 검색증강, 멀티 LLM, 토큰 최적화, 특정과업서비스, 응용콘텐츠
핵심기능 설명:
- 검색증강: 첨부 문서를 활용하여 생성형 인공지능 답변에 객관성 및 최신성을 유지하고 환각현상을 최소화합니다.
- 멀티 LLM: 초거대 언어모델 3종 이상을 동시에 사용할 수 있게 개발하여 사용자의 기호와 각 언어모델 간 특징을 활용할 수 있게 개발합니다.
- 토큰 최적화: 사용자별 반복질문을 미리 저장한 답변으로 대체하게 함으로써 발생되는 토큰비용을 최소화할 수 있습니다.
- 특정과업서비스: RAG문서를 고도화 편집하여 특정과업에 최적화되면서 동시에 창작 가능한 데이터 생성이 가능하게 개발됩니다.
- 응용콘텐츠: 초보자도 충분히 이용 가능한 응용콘텐츠를 추가 구축하여 RAG 기능을 고도화할 예정입니다.

#경쟁사 정보 참조해
##경쟁사 정보는 다음과 같음

||경쟁사A|경쟁사B|자사|

|제품명(서비스명)|같이우리비서|AI:DRIVE|
|가격|월 1만 원|월 3만 원|월 3만 원|
|특징|멀티 LLM|RAG 지원|멀티 LLM+RAG|
|기타|선도기업으로 주로 프롬프팅으로 교육 진행|시장점유을 증가하고 있음|가장 진보적인 성능 구현|

#수요처 니즈 사항 참조해
##수요처 니즈
수요처 니즈
향후 고객사 사업고도화를 위해 이 서비스가 필요함
고객사 직원들에 데모시연을 보여 준 결과 긍정적인 반응을 받음
UI/UX에 대한 개선을 요구받음
가격을 조금 인하하기를 요구함
데이터 준비 시 지원을 요청함

#수요처 특징 참조해
##수요처 특징
경기 남부권 중소기업을 대상으로
조직이 작아서 내부 인프라가 부족한 곳을 중심으로
인력 수급이 어려운 중소기업을 대상으로
초기에는 마케팅 중심 기업에서 제조업으로 향후 확장

#기타 준비 사항 참조해
##기타 준비 사항은 다음과 같음
재무적 상황: 기술개발 자금 3억 원 확보, 기술보증기금을 통해 10억 대출 확정

영업적 상황: 영업을 위해 고객사 확보 완료, 영업인력 마케팅 인력 확충, 해외영업인력 확보 완료
대표자 의지: 전사적 개발을 위해 TF 결성 총괄 진행
시장지배력: 당장은 시장지배력이 없지만 마케팅을 통해 시장확장 예정
내부 기술성 분석: 관련 특허 3종 확보, 2종 추가 진행, 산업대학교 기술자문 진행

#구체적 판매 제품 참조해
##구체적 판매 제품
|구분|특성|비용|
|베이직|-기본적인 멀티 LLM 제공-문서 등록기능-월 20만 토큰|월 3만 원|
|프로페셔널|-베이직 플랜의 모든 기능 포함-OCR 기능-고급 프롬프팅으로 제안-월 120만 토큰|월 10만 원|
|엔터프라이즈|-프로페셔널 플랜의 모든 기능 포함 월 무제한 사용|월 50만 원|

#목표 매출 참조해
##목표 매출
'26년도 목표 매출 30억 원
목표 달성을 위한 구체적 방안
10인 미만 소규모 사업장 마케팅 사무직을 대상으로 하는 서비스 제공
서비스 목표: 경기권 남부 6,200개 사업장 32,000명 중 5% 확보 목표
32,000*5%*30,000원=4,800만 원(월)*12개월=5억 7천만 원
10인 미만 소규모 사업장 일반 사무직을 대상으로 하는 서비스 제공

> 서비스 목표: 경기권 남부 6,200개 사업장 301,000명 중 2% 확보 목표
> 301,000*2%*30,000원=18,060만 원(월)*12개월=21억 6천만 원
> 30인 미만 중소규모 사업장을 대상으로 하는 서비스 제공
> 서비스 목표: 경기권 남부 6,200개 사업장 223,000명 중 1% 확보 목표
> 223,000*1%*30,000원=6,700만 원(월)*12개월=5억 4천만 원
> 약 32.7억 원 예상 매출 중 30억 원 달성 목표
> 모집단 출처: 종소기업진흥공단, 중소기업 현황, 통계청 자료 편집
>
> #사업화 진행한 내용 참조해
> ##사업화 진행한 내용
> 본 사업을 진행함에 있어 와디즈를 통해 사전 구매 의향을 밝힌 기업 20곳을 확보하였으며 효과적인 시장진입을 위해 산업진흥원에서 진행하는 '마케팅' 과정을 수료함

### 프롬프팅 축소

제가 제시한 프롬프팅은 2,000자가 넘습니다. (구체적으로 유저 프롬프팅) 저는 제가 상식적이라 판단이 되는데 다른 사람들은 경험이 없으니 제가 상식적이지 않다고 판단하실 수도 있습니다. 어쩌면 제가 비상식이라 생각하실 수도 있습니다. 제가 제안드리는 프롬프팅이 이렇게 긴 이유는 'Open AI 공식 블로그'에서 확인하고, 다양한 논문들을 참조하고, 숫자를 헤아리기 어려울 정도로 수없이 많은 테스트와 실험을 통해 직접 확인한 프롬프팅입니다. 직접 테스트를 해서 확인한 프롬프팅입니다. 제가 정답이고 제가 사실입니다.

문서 요약은 GPT4o가 잘합니다. 'AI:DRIVE' 서비스에서 또는 범용 서비스에서 축소 작업을 진행하면 됩니다. 아래 방법은, 'AI:DRIVE'에서 진행하는 방법입니다.

**'일반 질문-GPT4o'**
내용이 길고 반복적인 것이니 예시를 한 개만 보겠습니다.

Input
아래 내용에서 핵심 내용 결정하고 결정된 핵심 내용을 중심으로 내용을 요약해 줘. 이때 작성되는 내용은 #을 이용한 마크다운 형태로 해 줘.

'"참조 내용 시작
#목표 매출 참조해
##목표 매출
'26년도 목표 매출 30억 원
목표 달성을 위한 구체적 방안
10인 미만 소규모 사업장 마케팅 사무직을 대상으로 하는 서비스 제공
서비스 목표: 경기권 남부 6,200개 사업장 32,000명 중 5% 확보 목표
32,000*5%*30,000원=4,800만 원(월)*12개월=5억 7천만 원
10인 미만 소규모 사업장 일반 사무직을 대상으로 하는 서비스 제공
서비스 목표: 경기권 남부 6,200개 사업장 301,000명 중 2% 확보 목표
301,000*2%*30,000원=18,060만 원(월)*12개월=21억 6천만 원

30인 미만 중소규모 사업장을 대상으로 하는 서비스 제공
서비스 목표: 경기권 남부 6,200개 사업장 223,000명 중 1% 확보 목표

출처: 'AI:DRIVE' service base by AI: DRIVE GPT4o with general question 36cw, 2024. 1turn

223,000*1%*30,000원=6,700만 원(월)*12개월=5억 4천만 원
약 32.7억 원 예상 매출 중 30억 원 달성 목표
모집단 출처: 종소기업진흥공단, 중소기업 현황, 통계청 자료 편집
"'참조 내용 끝

Output
# 핵심 내용 결정
목표 매출은 26년도에 30억 원이며, 이를 위해 특정 대상을 확보해야 함.

# 요약
- 목표 매출: 26년도에 30억 원
- 전략: 10인 미만 소규모 사업장을 대상으로 한 서비스 제공을 통해 5억 7천만 원, 30인 미만 중소규모 사업장을 대상으로 한 서비스 제공으로 5억 4천만 원 예상
- 총 매출: 약 32.7억 원 중 30억 원을 달성 목표

위 프롬프팅 방법으로 줄이면, 내가 원하는 내용을 핵심 내용으로 결정했는지 아닌지가 확인이 되고 해당 내용으로 줄인 것도 확인 가능합니다. 원하는 내용이 핵심 내용이 아닐 때에는 적합하게 프롬프팅을 조금 수정하는 것도 좋습니다. 이 프롬프팅 템플릿에서

'"참조 내용 시작
"'참조 내용 끝

이 사이에 줄이고자 하는 문장을 넣고 줄여 주는 것입니다. 한 가지 더 말씀드리면, 생성형이 뱉어 내는 답변에서 '숫자'는 무조건 믿지 마십시오. 매우 높은 수준으로 숫자를 맞추는데 그건 연산에 의해서 맞추는 게 아니고 맥락적으로 비슷한 숫자를 도출하는 것입니다. 다시 강조드리면 '연산'이 아닌 '맥락'으로 숫자를 답변합니다. 그러므로 절대로 생성형이 답변하는 숫자는 믿지 마십시오.

**생성형 활용**

아래 예시는 '유저 프롬프팅'을 축소하지 않은 상태에서 진행되는 것임을 먼저 말씀드립니다.

그리고 아래 작성 순서는 단일 사업계획서 양식을 이용하여 작성하는 것이 아닌 다양한 사업계획서를 적용하기 때문에 작성하는 순서가 다를 수 있습니다. 역시 위에 설명드린 대로 내가 원하는 것을 적절하게 편집하여 사용하시는 것입니다.

**구체적인 사업화 목표**

구체적인 사업화 목표를 먼저 제시하는 형식은 평가위원에 바로 직관적으로 다가갈 수 있어서 빠른 정답을 요구하는 분들에는 긍정적으로 다가갈 수 있습니다. 반면 이러한 양식에 익숙하지 않은 분들은 다소 불편한 형태일 수 있다는 것을 동시에 말씀드립니다. 동시에 구체적인 사업화 목표를 앞에 두든 뒤에 두든 객관적인 지표가 동반되어야 함을 말씀드립니다.

> Input
> 유저 프롬프팅 붙여 넣기
>
> #질문
> 시장 정보를 활용해서 시장 정보 작성해 줘. 이때 긍정적 관점에서 작성해야 해. 답변해 줘.
>
> Output
> 구체적인 사업화 목표와 연도별 국내외 매출 계획을 다음과 같이 제안드립니다.
>
> 1. 구체적인 사업화 목표
> - 2024년까지 국내 경기 남부권 중소기업 대상 시장점유율 5% 달성
> - 2025년까지 일본 시장 진출 및 매출 10억 원 달성
> - 2026년까지 국내 시장점유율 10%, 일본 시장점유율 3% 달성
> - 2027년까지 동남아 시장 진출 및 글로벌 매출 100억 원 달성
>
> 2. 연도별 국내외 매출 계획
> 생략

출처: 'AI:DRIVE' service base by AI: DRIVE GPT4o with HBC RAG data 36cw, 2024. 1turn

 내가 제공한 정보(유저 프롬프팅)를 기준으로 바람직하게 작성이 되었습니다. 위 예시는 Claude3.5를 사업계획서 어시스턴트를 활용하여 작성한 내용이며, GPT4o를 이용하면 약간 다른 형태로 답변을 합니다. 저의 개인 성형으로는 이런 자료는 GPT4o를 선호합니다만, 전체적인 내용은 크게 차이가 없습니다.

또한 사업계획서 어시스턴트를 사용하시면 제가 주로 작성하는 스타일로 답변을 하기에 개인 호불호 측면에서 불편하실 수도 있습니다. 다시 말씀드리면, '미사어구'가 많이 필요하다 하시면 일반 질문을 하셔도 좋은데, 역시 사람마다 호불호가 있으니 작성하실 때 다양한 방법을 시도하셔서 적합한 방법으로 작성하시는 것을 권장해 드립니다.

편집하실 때에는 샘플에서 보여 드리는 것과 유사하게 표로 작성하시는 것이 깔끔하고 보기도 좋습니다.

|  | 당해연도 | 과제 종료 연도 | 종료+1 | 종료+2 | 종료+3 |
|---|---|---|---|---|---|
|  | 2024 | 2025 | 2026 | 2027 | 2028 |
| 국내매출 | 20,000 | 30,000 | 30,000 | 50,000 | 100,000 |
| 해외매출 | - | 10,000 | 20,000 | 30,000 | 40,000 |

**시장 정보 자료**

시장 정보 충분히 조사하셨으며 관련한 자료를 충분히 수집하셨으면 그 자료를 활용하여 답변하는 방법을 알아보겠습니다. 하지만 'AI:DRIVE' 서비스가 아닌 범용 서비스를 사용하시게 되면 참조 검색이 되지 않는 경우가 더 많이 있습니다. 참조 검색이라 하면 GPT 유료 버전, Claude 유료 버전이 아닌 경우에는 참조 검색 어렵습니다.

시장 정보 자료를 포함하여 특정 항목들은 AI:DRIVE 서비스의 '사업계획서' 작성 어시스턴트를 활용하지 않고 사용해야 합니다. 이러한 이유는 RAG 고유 기능에 의한 것입니다. 물론 '사업계획서' 어시스턴트를 활용해서 작성해도 되지만, 다소 이상하게 답변할 수 있기 때문입니다. 그 이유가 'AI:DRIVE_사업계획서 어시스턴트'에 등록된 RAG 서류들은 각 산업 분야의 시장 정보를 가지고 있고 또 해당 사업계획서에 적합하게 작성되어 있기에, 의도하지 않은 답변을 하는 경우가 종종 나옵니다. 강력한 RAG 기능 때문에 그렇습니다. 그렇기에 조사한 시장 정보 자료를 첨부하시게 되면 해당 문서를 참조하게 하시며, 자료 조사를 하지 않으셨다면 일반 질문을 해야 합니다.

자료 확보 시: 참조질문-언어모델 선택
자료 미확보 시: 일반 질문

| 참조질문 ▼ | GPT4o ▼ | DRIVE ▼ | AI 등장으로 변화하는 금융산업.pdf ▼ |

```
Input
유저 프롬프팅 붙여 넣기

#질문
시장 정보를 활용해서 시장 정보 작성해 줘. 이때 긍정적 관점에서 작성해야 해. 답변해 줘.

Output
시장 정보를 긍정적 관점에서 작성하면 다음과 같습니다:
```

> 생성형 AI 기반 경영업무 지원 챗봇 시장은 매우 유망한 성장 잠재력을 가지고 있습니다.
>
> 1. 시장 규모와 성장성
> - 글로벌 AI 시장은 2022년 1,198억 달러에서 2030년 1조 5,910억 달러로 연평균 38.1% 성장할 전망입니다.
> - 특히 생성형 AI 시장은 2021년 79억 달러에서 2030년 1,108억 달러로 연평균 34.3%의 고성장이 예상됩니다.
> - 국내 시장도 네이버, 카카오, SKT 등 주요 기업들의 적극적인 투자로 빠르게 성장하고 있습니다.
>
> 2. 기술 발전
> - GPT-4 등 최신 모델은 창의성, 추론 능력, 자연어 이해력 등이 크게 향상되었습니다.
> 생략
> 참조 내용 AI등장으로 변화하는 금융산업. PDF 페이지2

출처: 'AI:DRIVE' service base by AI: DRIVE GPT4o with HBC RAG data 36cw, 2024. 1turn

아무리 문서를 참조한다 하여도 생성형이 완벽하지 않으니 사람이 편집 수정을 해 줘야 합니다. 그럼 이제 위에 답변 내용을 그대로 복사해서 붙여 넣기 하시고 편집을 하시는데 다음의 사항들을 주의하세요.

1. 생성형 내용을 그대로 옮긴다.
2. 전체적인 맥락을 확인하면서 수정한다. 이때 숫자들은 민감하게 본다.
3. 자료 출처를 확인하고 해당 자료를 확인한다. 이때 생성형이 제

시한 숫자들이 맞는지 확인한다.
4. 적합한 이미지를 등록한 서류에서 찾아서 넣어 준다.
(내용은 제공드리는 샘플 서류의 '7-(4)' 시장동향을 참조하십시오.)

**정부 방향성**

정부의 방향성은 이미 귀사의 개발 사업과 방향이 일치하거나 유사해야 합니다. 만약 그렇지 않다면, 개발과제로서 지지받기 어렵습니다. 예를 들어 소규모 제조현장에서 노동자의 안전과 육체노동 완화를 위해 자동 컨베이어 시스템을 만든다고 하면 제조현장과 노동자 안전에서는 개발이 필요하나, 정부 입장에서는 이미 개발이 완료되어 보급이 된 제품을 제안하는 기업에 맞게 약간 수정해서 개발하겠다는 것으로 판단됩니다. 이런 경우 정부 과제보다는 시제품 제작 지원 사업 같은 것이 더 적합한 것입니다. 그렇기에 무조건 정부 방향성과 일치하거나 유사해야 합니다. 이것은 기술개발이지 복지가 아니기 때문입니다.

정부 방향성을 작성하실 때에는 미리 자료를 찾아서 준비하신 이후 해당 자료를 활용하여 작성하셔야 합니다.

\* AI 관련 정부정책 방향성 자료는 'AI:DRIVE' 서비스에서 상시 조사하고 반영하고 있으므로 별도의 자료 조사가 필요하지 않습니다.

---

Input
유저 프롬프팅 붙여 넣기

---

> #질문
> 정부의 정책 방향성을 작성해 줘. 이때 본 신청 개발과제가 무조건 정부 정책과 일치한다고 작성해 줘, 긍정적으로 작성해 줘.
>
> Output
> 본 신청 개발과제는 정부의 정책 방향성과 완벽하게 일치하며 매우 긍정적인 평가를 받을 것으로 예상됩니다. 구체적인 정부정책 방향성과의 연관성은 다음과 같습니다:
>
> 1. 인공지능 기술 육성 및 활용 확대:
> 본 과제는 다중 검색증강 기술과 멀티 LLM을 활용한 첨단 AI 챗봇 개발을 목표로 하고 있어, 정부의 AI 기술 육성 정책과 정확히 부합합니다.
>
> 2. 중소기업 디지털 전환 지원:
> 경영업무 지원 챗봇 개발을 통해 중소기업의 업무 효율성 향상과 디지털 전환을 돕는 것은 정부의 중소기업 지원 정책과 일치합니다.
>
> 3. 신산업 육성 및 일자리 창출:
> AI 기반 서비스 개발은 신산업 육성과 양질의 일자리 창출에 기여할 것으로, 이는 정부의 주요 경제 정책 방향과 일맥상통합니다.
> 생략

출처: 'AI:DRIVE' service base by AI: DRIVE GPT4o with HBC RAG data 36cw, 2024. 1turn

작성된 정보를 긁어 와서 붙여 넣기 하신 이후 편집하여 작성하겠습니다.

## 거시 환경 분석

거시환경 분석 작성 방법은 시장 정보 분석과 일치합니다. 동일한 방법으로 진행하시는 것이 바람직하다 말씀드립니다.

자료를 조사하여 PDF 다운받는다 → 자료를 'AI:DRIVE'에 등록한다 → 해당자료를 참조하여 프롬프팅을 입력 작성한다.

시장환경 분석과 마찬가지의 경우로 일반적인 내용들을 포함해서 'AI:DRIVE' 서비스에서 등록한 서류에 이미 상당 부분 자료가 있습니다. 그래서 AI:DRIVE 서비스를 이용하여 환경 분석을 하게 되면 다소 난해한 답변이 나올 수 있습니다.

```
Input
유저 프롬프팅 붙여 넣기

#질문
PEST 분석해 줘

Output
### 정치적(Political) 요인
1. **정부지원 및 정책:**
```

> - 정부는 AI 기술 발전과 디지털 전환을 지원하고 있으며, 다양한 보조금 및 혜택을 제공하고 있음. 특히, 중소기업을 대상으로 한 지원 정책이 증가하고 있음.
> - 데이터 보호 및 개인정보 보호법이 강화되고 있어, 관련 규정을 엄격히 준수해야 함.
>
> 생략

출처: 'AI:DRIVE' service base by AI: DRIVE GPT4o with HBC RAG data 36cw, 2024. 1turn

　PEST분석 STEEP분석은 시장에 대한 전반적인 거시환경 분석으로 시장에 대한 평가를 작성하는 부분에서 작성하게 됩니다. 보통의 경우 '7. 연구개발성과의 활용방안 및 기대효과' 작성 시 가장 앞부분에 놓이게 되는 경우가 많이 있습니다. 또는 사업화를 위한 시장 분석 단계에서 제시를 해도 좋습니다.

### 미시분석

　미시분석은 기업을 중심으로 하는 작은 규모에 대한 분석입니다.

> Input
> 유저 프롬프팅 붙여 넣기
>
> #질문
> 미시분석을 할 거야, 자세한 내용은 아래 작성할 것이니 총평만 작성해 줘.

> Output
> 본 과제는 다중 검색증강 기술과 멀티 LLM을 활용한 경영업무 지원 챗봇 개발 및 관련 콘텐츠 제작을 목표로 하고 있습니다. 미시분석 결과, 다음과 같은 강점과 기회, 그리고 몇 가지 개선 필요 사항이 파악되었습니다.
>
> 강점으로는 첫째, 멀티 LLM과 RAG 기술을 결합한 차별화된 기술력을 보유하고 있습니다. 둘째, 토큰 최적화 기술을 통해 비용 효율성을 확보했습니다. 셋째, 특정과업에 최적화된 서비스와 응용 콘텐츠 개발 능력을 갖추고 있습니다.
> 생략

출처: 'AI:DRIVE' service base by AI: DRIVE GPT4o with HBC RAG data 36cw, 2024. 1turn

　미시분석 내용을 넣기 전에 확인 하셔야 할 것은, 사업계획서 양식에서도 있듯이 거시분석, 미시분석 이런 식으로 작성하지 않습니다.

　미시분석을 작성하시는 위치는 구체적인 사업화 달성 방법을 작성하기 바로 직전에 넣어서 작성하는 것입니다. 자세한 위치는 샘플을 보시면 더 빠르게 이해되십니다.

### 수출 가능성

　수출 가능성 부분은 이 사업을 해외에 판매하기 위해 얼마나 노력을 했느냐를 증빙하는 부분입니다. 사업화 달성 목표 중 하나로 작성을 하시면 됩니다. 이때 중요한 것은 실제 수출을 위해서 노력을 하셨느냐가 중요합니다. 수출을 하면 좋지만, 아직 수출 준비가 덜 되신 기업이 많을 것이라 판단하고 작성하는 방법을 말씀드리면, KOTRA에서 관련한 자료를 미리 다운받아 두셔야 합니다. 자료를 찾아서 확인하고 이를 활용한다는 생각 자체가 이미 수출을 염두에 두고 있다는 이야기를 드리고 싶습니다. 예시 사업계획서에서는 일본에 인공지능을 수출하는 것으로 되어 있기에, 관련한 자료를 KOTRA에서 다운받아 'AI:DRIVE'을 이용해서 작성하였습니다.

Input
유저 프롬프팅 붙여 넣기

#질문
수출 가능성 작성해 줘.

Output
본 과제의 수출 가능성에 대해 다음과 같이 작성할 수 있습니다:
수출 가능성
1. 일본 시장 진출 가능성
- 일본은 현재 인공지능 기반 서비스 도입이 활발히 이루어지고 있는 시장으로, 본 과제의 멀티 LLM 기반 경영업무 지원 챗봇 시스템에 대한 수요가 있을 것으로 예상됩니다.
- 특히 일본 유통업체들의 AI 도입 사례(교무슈퍼의 AI 카메라 활용 등)를 볼 때, 경영 및 업무 지원 분야에서도 AI 솔루션에 대한 관심이 높을 것으로 보입니다.

- 일본어 버전 개발 및 현지화를 통해 일본 시장 진출이 가능할 것으로 판단됩니다.
생략

출처: 'AI:DRIVE' service base by AI: DRIVE GPT4o with HBC RAG data 36cw, 2024. 1turn

작성 시 주의하실 것은, 이런 문서 작성을 하게 된 소스를 공개해야 합니다. 자세한 것은 샘플에서 확인하시면 됩니다.

**수요처 니즈**

수요처 니즈는 일정 부분 작성해 둔 것이 있으므로 이를 좀 더 보충해서 작성을 하게 되는 것입니다.

Input
유저 프롬프팅 붙여 넣기

#질문
수요처 니즈를 작성해 줘
조건1. 좀 더 구체적으로 작성해 주고,
조건2. 우리가 니즈를 충분히 충족시킬 수 있는 방향으로 작성을 해 줘.

Output
1. 사업 고도화를 위한 AI 기반 서비스 필요성
- 수요처는 향후 사업 고도화를 위해 AI 기반의 경영업무 지원 서비스가 필요함을 인식하고 있습니다.

- 우리의 다중 검색증강 기술과 멀티 LLM 기반 챗봇은 수요처의 업무 효율성을 크게 향상시킬 수 있습니다.

2. 직원들의 긍정적인 반응
- 수요처 직원들에게 데모 시연을 진행한 결과, 서비스의 유용성과 편의성에 대해 매우 긍정적인 반응을 얻었습니다.
- 우리는 지속적인 사용자 피드백을 반영하여 서비스를 개선하고 최적화할 계획입니다.
생략

출처: 'AI:DRIVE' service base by AI: DRIVE GPT4o with HBC RAG data 36cw, 2024. 1turn

역시 생성형이 제시한 결과를 적절하게 편집하여 사용하면 되고 관련 내용은 샘플 사업계획서를 참조하십시오.

### 스왓 분석

스왓 분석은 위에 양식을 활용하고, 생성형이 제시한 결과를 적절하게 편집하여 사용하면 됩니다.

Input
유저 프롬프팅 붙여 넣기

#질문
SWOT 분석해 줘
조건1. SWOT 각 항목을 작성해 주고,
조건2. SO, WO, ST, WT 전략 작성해 줘.

Output
SWOT 분석:
- 강점(Strengths):
- 기술개발 결과물인 초거대 언어모델을 활용한 경영업무 지원 생성형 ChatBot 구축 및 콘텐츠 제작
- 초거대 인공지능 모델을 활용하여 효율적인 업무 지원 시스템 구축
생략

출처: 'AI:DRIVE' service base by AI: DRIVE GPT4o with HBC RAG data 36cw, 2024. 1turn

### 비즈니스 모델

비즈니스 모델 작성은 어떤 사업을 하겠다는 것을 시각화하여 보여주는 것이 좋으므로 비즈니스 모델 9블럭(비즈니스 모델 캔버스)을 이용하여 작성합니다. 비즈니스 모델 작성을 여러 번 테스트한 결과 GPT4o보다는 Claude 3.5가 좀 더 잘 작성을 했지만, 다양하게 사용하시는 것을 다시 한번 말씀드립니다.

Input
유저 프롬프팅 붙여 넣기
#질문
비즈니스 모델 캔버스를 기준으로 비즈니스 모델 작성해 줘.
조건1. 각 항목마다 3개씩 작성해 줘.

Output
1. 핵심 파트너
- 초거대 언어모델 API 제공 기업

- 산업대학교 (기술자문)
- 기술보증기금

생략

출처: 'AI:DRIVE' service base by AI: DRIVE GPT4o with HBC RAG data 36cw, 2024. 1turn

### 구체적 판매 제품

Input
유저 프롬프팅 붙여 넣기
#질문
판매 제품에 대해서 구체적으로 작성해 줘. 자세하게 작성해 줘야 해. 읽은 사람이 합리적으로 수용할 수 있도록 작성해 줘.

Output
- 베이직:
- 기본적인 멀티 LLM 제공
- 문서 등록 기능
- 월 20만 토큰
- 월 3만 원
생략

출처: 'AI:DRIVE' service base by AI: DRIVE GPT4o with HBC RAG data 36cw, 2024. 1turn

구체적 판매 제품은 작성해 두신 것을 그대로 사용하셔도 좋고 생성형을 이용하여 편집하여 상용해도 좋습니다.

위 내용을 표로 표현하면 좀 더 보기가 깔끔합니다. 그리고 한 가지 더, 이렇게만 하면 약간 뭔가 부족해 보이니 다음 내용을 추가하는 것도 좋습니다. 이때 검색증강을 하게 되는 경우 정보의 한정으로 일부 편협한 정보를 제공할 수도 있으므로 일반 질문으로도 충분히 테스트하기 바랍니다.

> Input
> 다음 내용은 우리 제품 판매를 위한 구체적인 제품들이야
> #판매 제품
> - 베이직
> - 기본적인 멀티 LLM 제공
> - 문서 등록 기능
> - 월 20만 토큰
> - 월 3만 원
> - 프로페셔널
> - 베이직 플랜의 모든 기능 포함
> - OCR 기능
> - 고급 프롬프팅으로 제안
> - 월 120만 토큰
> - 월 10만 원
> - 엔터프라이즈
> - 프로페셔널 플랜의 모든 기능 포함
> - 월 무제한 사용
> - 월 50만 원

> 이것을 기준으로 평가위원들을 설득하기 위해 설명을 추가해 줘.
>
> Output
> 1. 다양한 고객층을 위한 맞춤형 플랜 제공
>
> - 베이직 플랜은 기본적인 기능을 원하는 소규모 기업이나 개인 사용자를 위한 합리적인 가격의 옵션입니다. 월 3만 원의 저렴한 가격으로 멀티 LLM과 문서 등록 기능을 제공하여 진입 장벽을 낮추었습니다.
> - 프로페셔널 플랜은 OCR 기능과 고급 프롬프팅을 필요로 하는 중소기업이나 전문가를 위한 옵션입니다. 베이직 대비 6배 많은 토큰을 제공하여 집중적인 사용이 가능합니다.
> - 엔터프라이즈 플랜은 대규모 기업이나 무제한 사용이 필요한 고객을 위한 프리미엄 옵션입니다. 모든 기능을 포함하며 무제한 사용으로 대량의 데이터 처리가 가능합니다.
>
> 2. 합리적인 가격 정책
> 생략

출처: 'AI:DRIVE' service base by AI: DRIVE Claude with HBC RAG data 36cw, 2024. 1turn

### 경쟁사 대비 전략

경쟁사 정보가 조사되었으므로 간단하게 프롬프팅을 통해 작성 내용을 만들 수 있습니다.

> Input
> 유저 프롬프팅 붙여 넣기
>
> #질문
> 경쟁사 정보를 확인하고 우리의 장점을 강조하는 전략을 작성해 줘.
>
> Output
> 1. 멀티 LLM과 RAG 기술의 결합 강조
> - 경쟁사 A(같이)는 멀티 LLM을, 경쟁사 B(우리비서)는 RAG를 지원하는 반면, 우리 제품(AI:DRIVE)은 멀티 LLM과 RAG를 모두 지원합니다.
> - 이 두 기술의 결합으로 더 정확하고 맥락에 맞는 응답을 제공할 수 있음을 강조합니다.
> 생략

출처: 'AI:DRIVE' service base by AI: DRIVE Claude with HBC RAG data 36cw, 2024. 1turn

**단계별 진입 전략**

단계별 진입전략에 대해서 생성형을 통해 작성합니다.

> Input
> 유저 프롬프팅 붙여 넣기
>
> #질문
> 1. 우리가 진행해야 하는 사업에 대해서 단계별 분석을 하고
> 2. 각 단계별 진입전략을 제시하고

3. 진입을 위한 마케팅 전략을 간단하게 작성해 줘.

Output
1. 사업의 단계별 분석
1) 개발 단계
- 다중 검색증강 기술과 멀티 LLM 기반의 경영업무 지원 챗봇 시스템 개발
- RAG 기법 적용 및 토큰 비용 최적화 시스템 개발
- 특정 업무에 최적화된 응용 콘텐츠 개발
2) 베타 테스트 단계
생략

출처: 'AI:DRIVE' service base by AI: DRIVE Claude with HBC RAG data 36cw, 2024. 1turn

**가격 전략 작성**

　가격 전략의 구체적인 내용은 앞선 경쟁사 대비 가격우위 그리고 판매 제품에서 활용한 내용을 그대로 사용하셔도 좋고 새로이 작성해도 좋습니다. 다만 새로이 작성하게 되는 경우 앞선 내용과 일치하면서 다르게 표현해야 합니다.

Input
유저 프롬프팅 붙여 넣기

#질문
가격 전략을 구체적으로 체계적으로 작성해 줘.

```
Output
1. 가격 구조
- 베이직 플랜: 월 3만 원
중략
2. 가격 전략
1) 경쟁사 대비 차별화 전략
생략
```

출처: 'AI:DRIVE' service base by AI: DRIVE Claude with HBC RAG data 36cw, 2024. 1turn

매우 구체적으로 작성을 했습니다. 충분히 편집해서 사용하겠습니다.

**홍보 전략**

홍보 전략을 따로 준비하지는 않았지만 가격 전략과 마찬가지로 이미 관련한 충분한 데이터를 'AI:DRIVE' 서비스에 RAG로 임베딩을 하였습니다.

```
Input
유저 프롬프팅 붙여 넣기

#질문
홍보 전략 작성해 줘.

Output
1. 온라인 마케팅 강화
- 소셜 미디어(페이스북, 인스타그램, 유튜브 등) 활용한 콘텐츠 마케팅
```

- 인플루언서 마케팅을 통해 제품 인지도 제고
- 검색엔진 최적화(SEO)를 통한 온라인 가시성 확대
- 온라인 광고(구글 애즈, 페이스북 광고 등) 집행

생략

출처: 'AI:DRIVE' service base by AI: DRIVE Claude with HBC RAG data 36cw, 2024. 1turn

작성된 내용을 잘 편집하여 사용합니다.

### 진행 내용

위의 내용들이 계속해서 반복적인 것이기에 프롬프팅만 추가하겠습니다.

```
#질문
진행한 내용을 구체적으로 작성해 주고 이를 활용한 마케팅 전략도 작성해 줘.
```

### 사업화 목표 외

프롬프팅 예시를 참조하시어 맨 마지막 문장 '#질문' 부분만 수정해서 사용하시면 됩니다.

쉽지 않나요? 따라 하면 성공합니다.

# 글을 마무리하면서

사업계획서 작성법에 대해서 여러 권 책을 출간했습니다.

출간 당시 '아무나 다 따라 할 수 있다'라고 생각을 했는데 시간이 지나서 보니 사실 좀 어렵습니다. 이 책을 출간하면서 드는 생각은 앞선 책들은 '과제기획을 위한 책'으로 읽어 주셨으면 합니다. 그리고 기획을 하셨으면 이른바 페이퍼워킹이 필요한데 그건 생성형 인공지능을 시키면 됩니다.

본 책을 읽으시면서, 아마 대부분의 독자들이(구체적으로 생성형 인공지능에 대해서 조금이라도 공부하신 분들) 매우 혼란스러우실 수 있습니다. 왜냐하면 저의 주장이 여타의 다른 생성형 활용 도서와 차별이 되기 때문입니다. 솔직히 그들과 비교하면 좀 불편합니다. 아마추어와 프로는 비교하면 안 되는데 소위 말하는 조회수를 위해서 출간한 책들이 너무 많이 있습니다.

날이 제법 추워지기 시작하는 시점에 군포에서
홍승민 드림